Business-Sprech

Business-Sprech

Klartext für die Karriere

Christian Dietrich

Bibliografische Informationen
der Deutschen Nationalbibliothek:
Die Deutsche Nationalbibliothek
verzeichnet diese Publikation
in der Deutschen Nationalbibliografie,
detaillierte bibliografische Daten
sind im Internet über
http://dnb.d-nb.de abrufbar.

© 2021 Christian Dietrich
Herstellung und Verlag:
BoD – Books on Demand, Norderstedt

ISBN 978-3-75-349220-9

Vorwort

Ich bedanke mich bei meinen Kindern Rafael und Dorian für ihre neugierigen Fragen. Sie haben mir gezeigt, dass man erklären sollte was man sagt. Meiner Mutter Hilde Dietrich gilt es auch in geschriebener Form meinen Dank zu sagen. Sie hat viele Stunden, die ich in die Arbeit dieses Buches gesteckt habe, mit Hingabe kompensiert. Ohne Zögern die Kinder betreut und somit für die nötige Ruhe und Gelassenheit gesorgt. Mein besonderer Dank gilt meiner Frau Prof. Dr. Gabriele Roth-Dietrich. Sie unterstützte vorbehaltlos meine Vorhaben und gibt mir stets griffige Rückmeldungen. Ihre kreativen Bilder zu einzelnen Begriffen im Buch sind, wie es meine Kinder ausdrücken würden „voll OP". Das Offenlassen der Erklärung für dieser Begrifflichkeit setze ich als Anker um die beiden „anzutriggern" irgendwann ihre Sprachwelt zu erklären.

Speyer, im Mai 2021

Christian Dietrich

Inhalt

Prolog

Dieses Buch soll dabei helfen, die Hürden auf dem Weg in die Führungsetagen zu erklimmen. Denn sobald eine Person etwas sagt, können wir erkennen, ob diese unserer Gruppe zugehörig ist oder nicht. Ist das erste Eis gebrochen, sehen wir diesen Menschen in einem positiveren Licht. Das kann schon reichen, um sich gegenüber Konkurrent*innen einen Vorteil zu verschaffen. Gleichzeitig möchte ich als Autor motivierte Leser*innen anregen, ihre eigene Karriere aktiv zu fördern, oder um es mit Franz Kafka zu sagen: „Wege entstehen dadurch, dass man sie geht."

Beim Schreiben dieses Buches kann der Autor auf fast drei Dekaden an Führungserfahrung zurückgreifen. Der Erfahrungsbereich spannt sich von Führungsverantwortung für Unternehmen verschiedener Rechtsformen, Lehrtätigkeit an Hochschulen, Gründung und Mitgliedschaft von und in Führungszirkeln bis hin zur Beratung und Mitwirkung in politischen Gremien. Ich möchte Menschen befähigen und Wissen vertiefen. Gleichzeitig soll dieses Werk Licht in für Außenstehende unzugängliche Sprachwelten bringen. Eloquenz, (Fach)Wissen, Etikette und Netiquette haben auf dem Weg in die Führungsetage noch nie geschadet.

0 - 9

10-10-10-Methode

Die Wirtschaftsjournalistin Suzy Welch erdachte diese Methode. Vor Entscheidungen soll man sich bewusst machen, welche Konsequenzen Entscheidungen über drei zukünftige Zeiträume haben könnten. Dies hilft, die Tragweite und Wichtigkeit der Entscheidung abzuschätzen. In der 10-10-10 Methode stellt man sich 3 Fragen:

Welche Auswirkung hat meine Entscheidung…

- … in 10 Minuten?
- … in 10 Monaten?
- … in 10 Jahren?

Ein kluger und aussagekräftiger Schnelltest. Probieren Sie es aus.[1]

---

[1] https://www.impulse.de/management/selbstmanagement-erfolg/10-10-10-methode/7304898.html.

A

Advocatus Diaboli

Ist Lateinisch und bedeutet wörtlich übersetzt „Anwalt des Teufels". Damit wurde im Kirchenrecht eine Person bezeichnet, die eine bestimmte Position einnahm. Noch heute ist es bei Heiligsprechungsprozessen im Vatikan Aufgabe eines Kirchenanwalts, in Form eines Advocatus Diaboli Gründe vorzutragen, die bspw. gegen eine Heiligsprechung eingewandt werden könnten. Der Fürsprecher dagegen wird als Advocatus Dei oder Advocatus Angeli bezeichnet, also Anwalt Gottes oder Anwalt des Engels. Dessen Aufgabe ist es die Argumente des Advocatus Diaboli zu widerlegen, so dass einer Heiligsprechung nichts entgegensteht. In der Unternehmenspraxis werden dabei auch die dunklen Ecke vor einer Entscheidung mal ausgeleuchtet.

Agenda

Lateinisch für „das zu Tuende, was getan werden muss" steht der Begriff für Tagesordnung, Strukturierung einer Sitzung, Besprechung oder Versammlung. Er wird aber auch im Sinne von „auf der Agenda haben" verwendet, also für etwas, das man im Hinterkopf hat und nicht vergisst.

Agreement

Die Harmonie der Meinung. Kommt selten genug vor (besonders im Geschäftsleben). Bezeichnet dann eine mündliche Vereinbarung oder Übereinkunft. Kann aber auch als schriftliche Vereinbarung gemeint sein. Dann wird ein Agreement unterzeichnet. Auf oberster Ebene kann man damit auch eine zwischen Staatsmännern getroffene Übereinkunft auf Treu und Glauben, die nicht der parlamentarischen Zustimmung oder Ratifikation bedarf, bezeichnen.

Akkumulieren

Begriffsursprung von lateinisch „accumulare" („cumulus" - Haufen, mit dem Präfix „ad" - zu). Also von einer Sache mehr und mehr zusammenbekommen, anhäufen, zusammentragen, (an)sammeln, speichern. Somit kann man mit dem Inhalt dieses Buches viele neue Wortbedeutungen und -verwendungen im eigenen Gehirn akkumulieren.

aktionistisch

Besser hört man das nicht oft über die eigene Tätigkeit. Bezeichnet in der Regel kopfloses Handeln und ist in Führungskreisen eindeutig negativ konnotiert.

alea jacta est

„Der Würfel ist geworfen" (Latein). Beschreibt die Situation nach einem Ereignis/einer Handlung, wenn der Ausgang feststeht, aber noch nicht bekannt ist. Der Ausspruch bezieht sich einerseits auf die nunmehr unwiderruflich eintretenden Rechtsfolgen der begangenen Handlung, im schlimmsten Fall einer Gesetzesübertretung − der Würfel ist in der Luft und nicht mehr in der Hand –, andererseits auf das Risiko des unklaren Ausgangs: der Würfel kann auf jede Seite fallen.

alert

Seien Sie alert (wach, aufmerksam, alarmiert...), wenn Ihre Kollegin häufiger zu wichtigen Meetings darf als Sie. Aufmerksamkeit zahlt sich nun aus. Bahnt sich da eine Liaison an oder werden Sie fachlich überholt? Also schön aufmerksam bleiben.

Algorithmus

Wir haben Probleme? Das kennen wir nicht. Wenn, dann haben wir Herausforderungen. Dann gilt es nur noch, einen Algorithmus, also eine eindeutige Handlungsvorschrift zur Lösung der Herausforderung zu finden. Dann löst sich alles auf und es geht wieder forsch nach vorn.

alignen

Englisch „abstimmen". Wenn es mal wieder heiß zwischen den Verhandlungspartner hin und her geht, hilft nur noch sich zu alignen.

anpingen

Stammt aus der IT-Welt und meint ein Diagnosewerkzeug, mit dem überprüft werden kann, ob ein bestimmter Host in einem IP-Netzwerk erreichbar ist. Entwickelt wurde der Ping ursprünglich Ende 1983 von Mike Muuss. Im Business-Sprech meint anpingen, sich hinter den Kulissen Botschaften zu senden oder einfach im Kontakt/Gespräch zu bleiben. Legendär auch der Spruch aus dem Film „Jagd auf Roter Oktober" mit Sean Connery als Marko Ramius: „Geben Sie mir ein Ping, Vasily. Und bitte nur ein einziges Ping!"

ante portas

Lateinisch „vor den Toren". Da wartet eine knifflige Aufgabe, die sonst keiner lösen kann, auf Sie. Überlegen und erledigen. Dann ist die nächste Sprosse auf der Karriereleiter schon in Sichtweite.

antizipieren

Meint in unserem Kontext etwas geistig vorwegnehmen. Bevor das Gegenüber eine Handlung auslöst, antizipiert man schon, was der beste nächste Schritt sein könnte.

Approach

Englisch „Einstellung", „Ansatz" oder „Annäherung". Sie sollten einen positiven Approach haben, wenn es darum geht, Lösungen zu finden und nicht in Problemen zu verweilen.

assimilieren

Soll in unserem Kontext das (feindliche) Übernehmen der Macht darstellen. Wer den anderen assimilieren kann, hat die Oberhand über den Gegner erlangt. Assimilation bezeichnet in der Soziologie das Angleichen einer gesellschaftlichen Gruppe an eine andere unter Aufgabe eigener Kulturgüter. Immer noch nicht richtig verstanden? Dann hilft es, zum Trekkie zu werden. In den Star Trek-Serie „Das nächste Jahrhundert" gibt es die Borg-Gesellschaft. Sie ist das Modell einer totalitären Gesellschaft mit einer Königin an der Spitze. Die Borg entwickeln sich weiter, indem sie andere Rassen und ihre Technologien "assimilieren". Bei einem Angriff auf ein anderes Schiff, senden die Borg eine kollektive Audio-Nachricht an ihr Assimilationsziel. Diese lautet: „Wir sind die Borg. Ihre biologischen und technologischen Besonderheiten werden den unsrigen hinzugefügt. Widerstand ist zwecklos."

attribuieren

Drückt aus, dass man einer anderen Person/Gruppe/Unternehmung ein bestimmtes Verhalten zuschreibt. Klingt schon schlau, oder nicht?!

auf das Gleis setzen

Wenn eine Idee zur Tat werden soll, wird diese auf das Gleis gesetzt. Nun gibt es keine wilden Richtungswechsel mehr. Ab jetzt rollt der Zug in Richtung Ziel. Erfolg ist allerdings nicht garantiert. Aufgegleist kann man auch entgleisen...

auf Sicht fliegen

Kaum einer hat wirklich den Durchblick, aber man muss eine Richtung halten. Dann Augen zu und durch. Klingt gar nicht so verlockend. Ist bei Entscheider*innen häufig sehr unbeliebt, da man keine Zeit hat, sich gut zu vorzubereiten.

aufhübschen/aufpimpen

Die Zahlen sprechen eigentlich gegen unser Unternehmen? Kein Problem. Dann werden die Statistiken so lange aufgehübscht/aufgepimpt, bis man das gar nicht mehr (so leicht) erkennt.

aufschlauen

Das, was Sie gerade machen, trifft es voll. Sie schlauen sich auf/bilden sich fort, um besser in der Sprachwelt der Entscheider*innen zurecht zu kommen.

B

bagatellisieren

Die Quartalszahlen im Bereich Vertrieb sind die absolute Katastrophe. Die Verantwortlichen stellen aber mit einem Lächeln dar, dass alles gar nicht schlimm ist. Der Einbruch in den Verkaufszahlen wird bagatellisiert. Das holen wir mit Leichtigkeit im nächsten Quartal wieder auf, ist die Auskunft. Hoffentlich stimmt es, meistens aber nicht.

bashen

Den Gegner vernichtend schlagen; aber auch ihn schlechtreden. Die anderen Fachleute haben keine Ahnung. Wir haben den Durchblick. Gerne wird alles in den Dreck gezogen, was andere machen. Hüten Sie sich vor Dauer-Bashern. Meist basiert das Bashing nur auf eigener Unsicherheit und Unvermögen.

Baum-und-Borke-Entscheidung

Soll aussagen, dass man nicht weiterweiß. Eigentlich ist die eigene Position so eingeengt, dass man zwischen Baum und Borke eingekeilt ist. Was nun? Wer einen Ansatz findet, sich aus dieser Klemme zu befreien, ist schon wieder einen Tritt höher auf der Karriereleiter gekommen.

Bedenkenträger*innen

Wer kennt das nicht? Eine neue Idee ist geboren, und kaum hat man diese der Welt gezeigt, kommen die notorischen Bedenkenträger*innen, die grundsätzlich alles für unmachbar, falsch und unerreichbar halten. Kritisches Mitdenken ist damit nicht gemeint, das braucht man unbedingt, um in den Chef*innensessel zu gelangen. Aber wer nur zerredet und alles Neue ablehnt, wird besser nicht an der Unternehmensspitze agieren.

Benchmark

Keine Verhandlung ohne Vergleichsmaßstab. Diese Analyseform soll eigene Ergebnisse oder Prozesse mit einem vorab festgelegten Bezugswert vergleichbar machen. Wer ist der Beste im Benchmark? Hieraus werden Unternehmenswerte, Aktienkurse u. v. m. abgeleitet.

Best Practice

Stellt eine Erfolgsmethode, ein Erfolgsmodell oder ein Erfolgsrezept dar. Es bezeichnet bewährte, optimale bzw. vorbildliche Methoden, Praktiken oder Vorgehensweisen im Unternehmen.

bilateral

Lateinisch „zweiseitig". Wenn sich zwei CEOs besprechen und dann bilateral zu einer Einigung kommen, bedeutet dies Arbeit für die (Mitarbeiter*innen-)Stäbe im Hintergrund. Allerdings muss man sich nicht einigen, um bilaterale Besprechungen durchzuführen. Das zeigte Donald Trump fast täglich. Der Begriff ist erweiterbar bis zu multilateral, was dann ein Gespräch unter vielen bezeichnet.

Bio-Break

Klingt unverfänglicher als Pinkelpause.

Blaupause

Um eine Pause zu erstellen, legt man ein transparentes Papier über ein anderes Papier. So kann man das, was durch das durchschimmernde Papier zu sehen ist, nachzeichnen. Man hat damit das Originaldokument abgepaust. In unserem Kontext wird das Wort „Blaupause" als Synonym für Vorlage, Vorbild, Entwurf oder Konzept verwendet. Beispielsatz: „Das neu getestete Vorgehen dient als Blaupause für künftige Verfahren."

Bleeding Cash

Sinnlos ausgegebenes Geld. Immer schlecht, wenn man dieses Wort in Verbindung mit Ihrer Abteilung nennt.

Bordmittel

Es wird mit einfachen Mitteln bzw. dem, was man gerade dabeihat, eine schwierige Aufgabe gefixt und somit bewältigt.

Bottleneck

Englisch „Flaschenhals". Bezeichnet einen Engpass bspw. in einer Besprechung, den es zu durchdringen gilt. Ist das geschafft, ist der Erfolg meist schon in greifbarer Nähe.

Bottom-up-Methode

Englisch „von unten nach oben". Stellt dar, dass von unteren Organisationseinheiten bspw. Ideen jeweils über die nächsthöheren Hierarchieebenen bis zur Unternehmensspitze weitergegeben werden. So ist manche Idee eines Unternehmenslenkers der Geistesblitz des Bodenpersonals.

brainstormen

Die Methode des Brainstormings wurde von Alex Osborn 1939 erdacht. Er war frustriert von unproduktiven Besprechungen in der von ihm mitgegründeten Werbeagentur BDO und suchte nach einer Lösung für mehr Kreativität. Er leitete seine Kreativitätsidee aus der über 400 Jahre alten indischen Kreativitätstechnik des Prai-Barshana ab. Aus deren Mantra – using the brain to storm a problem – entwickelte er das heutige Brainstorming. Wie das geht? Im Grunde genommen funktioniert das ganz einfach: Während des Brainstormings geben die Teilnehmer eines Meetings (sollten nicht mehr als 10 Personen sein) eine Zeit lang spontan ihre Ideen zur Lösung eines konkreten Problems ab. Durch den öffentlichen Gedankenaustausch unter den Teilnehmern werden viele neue Ideenkombinationen generiert. Nach dieser Phase wird gefiltert. Hierbei werden die guten Ideen von den schlechten wieder getrennt. Tada!

Break-even-Point

Stellt den spektakulären Punkt dar, an dem Erlös und Kosten einer Produktion gleich hoch sind. Hier blickt die Unternehmensspitze in das Auge des Sturms. An dieser Marke wird weder Verlust noch Gewinn erwirtschaftet. In Besprechungen auch benutzt, um anzuzeigen, dass man jetzt an einem Punkt steht, wo alles möglich ist. Der Deal des Jahres oder der Sturz in die Bedeutungslosigkeit.

Breakout Session

Bis vor Corona nur den IT-Nerds bekannt. Digital dazu genutzt, eine virtuelle Einteilung einer großen Gruppe in Kleingruppen zu bewerkstelligen. Zu in vivo-Kontaktzeiten sind das die Situationen, in denen man ganz vertraulich in kleinster Runde die Köpfe zusammensteckt.

briefen/Briefing

Englisch „informieren, unterrichten". Wer ohne Briefing als Leitungskraft in ein Meeting geht, kann sich schnell um Kopf und Kragen reden. Es ist immer wichtig, vorab zu wissen, was die oberste Heeresleitung wünscht. Spricht man unabgestimmt, kann das sehr unangenehm werden.

Bucket List

Im Business-Kontext mit Verwirklichungsliste zu übersetzen. Dort wird nachvollziehbar gemacht, was unbedingt noch gemacht werden muss, um bspw. ein Projekt erfolgreich abzuschließen. Im privaten Umfeld stellt die Bucket List die Selbstverwirklichungsliste dar, auf der nicht nur berufliche Ziele, sondern auch allgemeine Lebensziele aus verschiedenen Bereichen eingetragen werden. Der Begriff kommt aus dem Englischen von „kick the bucket". Dies meint „den Löffel abgeben". Ergo soll die Liste alle essentiellen Themen auflisten, die man noch vor seinem Tod erleben/erreichen möchte. Das hilft zu priorisieren, aber kann auch unter Druck setzen, wenn man noch viele Punkte auf der Bucket List offen hat.

Bullwhip-Effekt

„Peitscheneffekt". Bezeichnet eigentlich einen Effekt, der anhand der Lieferkette auftreten kann. Dabei treten die Schwankungen umso stärker zu Tage, je weiter man sich in der Lieferkette vom Endkunden über die Händler und Großhändler bis hin zu den Produzenten bewegt. In der obersten Führungsetage kennt man diese Bedeutung, benutzt aber die Bezeichnung, um zu beschreiben, dass es noch richtig Ärger im Nachhinein geben kann, wenn die Gegenseite versteht, was sie vorher nicht verstanden hat und dazu „Ja" gesagt hat.

Business as usual

Der Ausspruch ist mehrdeutig. Die Interpretationen reichen von „Alles geht seinen normalen Gang" über „Der

Alltag geht weiter" bis zu „Weitermachen, egal wie die Umstände sind".

Business Casual

Es ist wichtig zu wissen, was man anzieht, wenn verschiedene Anlässe aufgerufen werden. Business Casual gilt häufig für Veranstaltungen nach den offiziellen Bürozeiten oder für lockere interne Meetings ohne die oberste Heeresleitung. Achtung!!! Nicht verwechseln mit „casual" oder dem „Casual Friday". Die Definition für diesen Dresscode lautet: Anzug mit Hemd ohne Krawatte. Auf keinen Fall Jeans oder zu bunte Kleidung. Das Wörtchen "Business" deutet immer noch an, in welchem Rahmen man sich befindet.

Business Relations

Meint eine Geschäftsverbindung. Networking und Kundenpflege gehören zum ABC der Geschäftswelt. Also immer in Kontakt bleiben.

Businessplan

Darunter versteht man ein Konzeptpapier, das die Erfolgsaussichten und die Wirtschaftlichkeit eines geplanten Projektes oder Unternehmens vorstellt. Der Businessplan soll helfen, Kapitalsammelstellen (= Banken) oder Investoren von bspw. einem geplanten Vorhaben zu überzeugen. Anders formuliert: gut geplant ist schon halb gewonnen. Vor der Realisierung einer Idee steht immer viel Arbeit. Wer nicht das Geld, hat alles selbst zu finanzieren, sollte viel seiner Arbeit in einen guten Businessplan stecken.

C

c. t.

Lateinisch für „cum tempore", was ausdrückt „mit Zeit".
Somit beginnt die Veranstaltung 15 Minuten später. Na,
hätten Sie es gewusst? Wer nicht studiert hat, ist hier
schon raus. Siehe auch s. t. („sin tempore"), d. h. „ohne
Zeit" und somit pünktlich.

canceln

Englisch „streichen, absagen, rückgängig machen". Im Geschäftsleben bedeutet dies oft ein nicht zustande gekom-
mener Abschluss. Kurz vor Vertragsabschluss wurde der
Deal gecancelt. Hoffentlich passiert Ihnen das selten.

Cashcow

Abgeleitet aus der legendären Matrix der Boston Consul-
ting Group (BCG). So werden Produkte bezeichnet, die einen hohen Marktanteil besitzen, aber nur ein niedriges
Marktwachstum performen. Hier kann ein Unternehmen

seine Kostenvorteile voll ausschöpfen. Wegen der geringen Wachstumsrate wird empfohlen, keine neuen Investitionen in die Cashcow vorzunehmen, sondern nur noch die möglichen Gewinne mitzunehmen. Einfacheres Bild gefällig? Die Kuh melken, solange sie noch Milch gibt.

Casual Friday

Wenn das Wochenende in Sichtweite kommt, wird in manchen Unternehmen der Büro-Dresscode lockerer gesehen. Obwohl „casual" so viel wie „frei/bequem" bedeutet, ist das kein Freibrief, in Urlaubskleidung aufzumarschieren. Weiterhin gibt es auch Unterschiede beim Dresscode für Frauen und Männer. Wie so oft kommt die Idee des Casual Friday aus den USA. In den 1950er-Jahren wollten amerikanische Unternehmen so ihren Mitarbeiter*innen ermöglichen, ihre Bürokleidung in die Reinigung zu bringen. Am Montag waren dann alle wieder sauber und fein gekleidet. Mittlerweile gilt der Casual Friday als Idee, Hierarchien abzuschwächen und die Kommunikation untereinander zu fördern. Doch Vorsicht! Auch am Freitag sollte man den Leitgedanken berücksichtigen: Was im Büro getragen wird, soll auch nach Büro aussehen.

CEO

Wer es bereits ist, kennt diese Bezeichnung. Für alle anderen hier die Erklärung: CHEF! Englisch „**C**hief **E**xecutive **O**fficer". Gemeint ist damit die Funktion des/r Geschäftsführers*in und somit die höchste operative Position eines Unternehmens.

CFO

Englisch "Chief Financial Officer". Manchmal sehnt man sich die Zeiten zurück, in denen man einfach Leiter*in der Finanzabteilung sagen konnte.

challenging

Wenn es für Sie challenging ist, dieses Buch zu lesen, gefällt mir das. Denn es bedeutet herausfordernd. Quasi das Salz in der Suppe sein. Den Reiz ausmachen. Aber wie bei der Suppe gilt alles mit Augenmaß. Wenn jede Aufgabe challenging ist, spricht man von Überforderung.

Chapeau!

Endlich mal eine Anleihe aus dem Französischen in unserer anglisierten Business-Sprache! Und alle Achtung vor Ihrem Ehrgeiz, all diese Ausdrücke zu erlernen. Ich ziehe meinen Hut vor Ihnen. Kommt vom französischen „Hut". Wenn sich Alphatiere zum Verhandeln treffen und von einer Leistung besonders beeindruckt sind, ist das wohl die höchstmögliche Anerkennung, die man verbalisieren kann.

Claim

Das ist unser Revier. Hier kommt keiner rein. Unser Claim ist klar abgesteckt, und wer Ärger sucht, muss nur versuchen, einen Fuß in dieses Feld zu setzen. Allerdings gibt es wie so oft auch andere Bedeutungen, und zwar z.B. im Marketing, vor allem in der Werbung. Claim bezeichnet hier einen fest mit dem Unternehmens- oder Markennamen verbundenen Satz oder Teilsatz, der Bestandteil des Unternehmenslogos oder Markenzeichens sein kann. Ursprünglich kommt der Begriff aus den USA und Australien und bezeichnet ein klar abgegrenztes Grundstück. Perfekte Claims brennen sich in die DNA ein. Beispiel BMW: „Freude am Fahren".

committen

Englisch „sich bekennen, verpflichten". Eine Schlüsselsituation in jeder Besprechung. Wer bleibt stur und wer findet zueinander und committet sich auf ein gemeinsames Ziel?

Conclusio

Logische Schlussfolgerung, aber auch Schlusssatz am Ende einer Rede. Und ebenso im Sinne von Erkennen von Folgerungen aus schrittweisem Nachdenken bzw. das Durchführen eines Beweises.

Core Business

Kerngeschäft. Darin sind wir stark. Das trägt unser Unternehmen. Wer seinen Kern (Core) vergisst, wird keinen nachhaltigen Erfolg haben.

couragiert

Los geht es! Anpacken ist gefragt. Wer unerschrocken ans Werk geht, wird für seine Courage gelobt. Eine der wichtigsten Eigenschaften, um sich in Unternehmen von anderen Mitarbeiter*innen abzuheben.

CTO

Chief **T**echnical **O**fficer. Er/sie ist dafür zuständig, dass die technische Infrastruktur und Ausstattung eines Unternehmens einwandfrei funktioniert. Klingt für viele auch progressiver als die Bezeichnung „Technische Leitung". Der CTO fungiert als Kontaktpunkt zum Management/CEO.

D

D´accord!

Nach einem Verhandlungsmarathon das erlösende Wort. Damit zeigt man sich mit den ausgehandelten Ergebnissen einverstanden.

darwinistisch

Bei einer darwinistischen Gesprächsrunde gilt es, durchzuhalten und sich am Ende gegen alle anderen Anbieter zu behaupten. Getreu dem Motto: „Survival of the Fittest". Allerdings ist die Zuschreibung an Charles Darwin nicht ganz richtig. Der Ausdruck wurde im Jahr 1864 durch den britischen Sozialphilosophen Herbert Spencer geprägt. Charles Darwin übernahm den Ausdruck ab der 5. englischsprachigen Auflage seines Werkes „Die Entstehung der Arten" ergänzend zu seinem zum Fachterminus gewordenen Begriff „Natural Selection" (natürliche Selektion).[2]

Wer glaubt, dass Herbert Spencer alleine für das kollektive Vergessen steht, hat weit gefehlt. Wer kann die Namen der Astronauten aufzählen, die bei der ersten Landung auf dem Mond mit Apollo 11 dabei waren? Klar – Neil Armstrong. Ach ja, da war doch Edwin „Buzz" Aldrin noch dabei. Doch wer kennt den dritten Astronauten? Tja, Pech für Michael Collins, er ruhe in Frieden.

---

[2] Vgl. https://de.wikipedia.org/wiki/Survival_of_the_Fittest.

Data Mining

Hierbei werden die Zahlengurus der Unternehmen aufeinander losgelassen. Wer das größte Zahlenarsenal vorhält, kann meist als Sieger*in vom Verhandlungstisch aufstehen. Das Diggen (englisch „graben") nach der Zahl, die alle anderen schlägt, ist eine durch Unternehmenslenker*innen sehr geschätzte Kunst und wird entsprechend gut bezahlt. Originär versteht man darunter die Anwendung von Methoden und Algorithmen zur möglichst automatischen Extraktion empirischer Zusammenhänge zwischen Planungsobjekten, deren Daten in einer hierfür aufgebauten Datenbasis bereitgestellt werden.[3]

Deadline

Wenn mal wieder alles gleichzeitig und rechtzeitig zur Deadline fertig werden muss, gilt es zu priorisieren. Das wichtigste Projekt muss just in time abgeschlossen werden.

---

[3] Vgl. https://wirtschaftslexikon.gabler.de/definition/data-mining-28709.

Debriefing

Als Debriefing bezeichnet man das Nachbereiten und die gemeinsame Analyse einer wichtigen Situation, einem Ereignis oder einem Projekt, etwa zwischen Mitarbeiter*innen und Vorgesetzten oder auch zwischen Kolleg*innen. Auch das Gespräch zum Abschluss von Projekten oder Ausscheiden aus Projekten im Sinne einer Nachbesprechung, Schlussbesprechung oder Manöverkritik, um zu einer systematischen Aufarbeitung des Expertenwissens zu kommen oder um die Einarbeitung eines Nachfolgers zu gewährleisten, wird als Debriefing bezeichnet.[4]

degressiv

Auch wenn es so ähnlich klingt wie depressiv, ist es für ein Unternehmen das genaue Gegenteil, denn degressive Kosten bezeichnen einen Kostenverlauf, bei dem die Kosten sich im Verhältnis zur Änderung der produzierten Stückzahl in einem geringeren Maße erhöhen. Beispiel gefällig? Erhöht sich die Stückzahl um 10 %, steigen die Kosten um weniger als 10 %. Da hört man im Hintergrund die Champagnerkorken knallen.

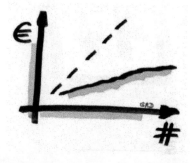

---

[4] Vgl. https://lexikon.stangl.eu/8997/debriefing.

Dekade

Wer eine solche prägt, hat auf alle Fälle schon mal Spuren hinterlassen. Hoffentlich solche, an die sich andere gerne erinnern. Eine Dekade kann unterschiedliche Bedeutungen in den verschiedensten Fachrichtungen haben. Dabei ist ihre Grundbedeutung stets gleich: die Zahl 10. In der Geschäftswelt meint eine Dekade in der Regel den Zeitraum von zehn Jahren.

delegieren

Nur wer das darf, ist in einer verantwortungsvollen Position angekommen. Besonders darauf achten sollte man nach Ansicht des Autors darauf, dass man es nicht nur „dürfte", sondern auch macht. Gute Entscheider*innen geben Verantwortung ab. Das heißt nicht, weniger zu arbeiten, sondern anders zu handeln und sich aus den Überlegungen der treuen Helfer*innen den Überblick zu verschaffen.

deplatziert

Sollte man das Gefühl haben, sich fehl am Platz zu fühlen oder sich als nicht hin- und zugehörig zu empfinden, hat man es geschafft, den Begriff zu verstehen. Dann hilft nur noch diskretes Entfernen oder schweigen.

deskriptiv

Meint „beschreibend" im Sinne von sachlich dargestellt, klingt aber besser, oder?

determinieren

Es war Ihnen „vorausbestimmt" dieses Buch zu kaufen, zu lesen und mit Erfolg in Ihrem Arbeitsalltag einzusetzen. Ein Teil der Bedeutung. Im HR-Jargon von Personalleiter*innen/Chief Human Resource Officers kann es aber auch bedeuten, dass eine Person in ihren Befähigungen begrenzt ist.

diffizil

Ein Wort, das in meiner Familie gefühlt schon eine Ewigkeit benutzt wird, aber im Fachgespräch nun (wieder) häufiger zu hören ist. Vielleicht war es besonders schwierig mit mir als Kind, und meine Eltern wollten das feingliedriger und etwas versteckt zum Ausdruck bringen. Auf jeden Fall an die Nutzung dieses Wortes denken, wenn es schwierig wird.

Dilemma

Auch Zwickmühle genannt, bezeichnet eine Situation, die zwei Wahlmöglichkeiten bietet, welche beide zu einem unerwünschten Resultat führen. Es wird durch seine Ausweglosigkeit als paradox empfunden. Auch der Zwang zu einer Auswahl zwischen zwei positiven Möglichkeiten kann ein Dilemma sein. Bei mehr als zwei Möglichkeiten spricht man von einem Polylemma.[5] Tja, so ist es auch mir bei der Konzeption dieses Buches gegangen. Was weglassen, um etwas anderes zu erläutern?

---

[5] Vgl. https://unterrichten.zum.de/wiki/Dilemma.

disjunkt

Meint „getrennt". Wird aber im Business-Universum als unvereinbare Positionen oder Passungen verstanden. Wir finden einfach keine gemeinsamen Ansatzpunkte für eine Zusammenarbeit. Unsere Unternehmen sind disjunkt. Die kreativsten Köpfe im Unternehmen müssen dann Wege finden, wie es doch zu einem Junktim (einer Verbindung) kommen kann.

disruptiv

Etwas, das im Gleichgewicht war, oder ein gängiges System zerstören. Das löst bei vielen Menschen polyvalente Gefühle aus. Beispiel gefällig? Corona macht vielen von uns Angst. Wie wird sich alles durch diese abrupte Veränderung entwickeln? Wie geht es mit mir beruflich weiter? Doch wie freue ich mich über die Möglichkeit, endlich (öfter) von zu Hause zu arbeiten. Disruptiv wird von vielen Entscheidern eher als ein positives Ereignis erlebt, oder wie es Herbert Grönemeyer für uns in „Bleibt alles anders" singt: Es gibt viel zu verlieren, du kannst nur gewinnen, genug ist zu wenig oder es wird so wie es war, Stillstand ist der Tod, geh voran, bleibt alles anders, der erste Stein fehlt in der Mauer, der Durchbruch ist nah.

do ut des

Lateinisch „Ich gebe, damit du gibst." Wie so oft gilt: Wer etwas gibt, will auch später etwas dafür. Die Religionen lehren das im Grundsatz anders, aber dafür ist in der oft sehr harten Geschäftswelt so gut wie nie Platz.

downsizen

Der ganze Arbeitsauftrag raubt einem erstmal den Atem. Dann hilft oft nur: einatmen, ausatmen, weiteratmen und den Elefanten in kleine Salamistücke zerlegen. Wenn dann alles erledigt ist, muss man die Mosaiksteinchen wieder alle an die richtige Stelle legen, um das ganze Bild zu sehen. Mir selbst kommt die Geschichte von Beppo dem Straßenfeger aus dem Buch "Momo" von Michael Ende in den Sinn. Beppo, der Straßenfeger, erklärt, wie man eine Straße kehren sollte.

„Manchmal hat man eine sehr lange Straße vor sich.
Man denkt, die ist so schrecklich lang;
das kann man niemals schaffen, denkt man.
Und dann fängt man an, sich zu eilen.

Und man eilt sich immer mehr.
Jedes Mal, wenn man aufblickt,
sieht man, dass es gar nicht weniger wird,
was noch vor einem liegt.

Und man strengt sich noch mehr an,
man kriegt es mit der Angst,
und zum Schluss ist man ganz außer Puste
und kann nicht mehr.

Und die Straße liegt immer noch vor einem.

So darf man es nicht machen.
Man darf nie an die ganze Straße auf einmal denken, verstehst du?

Man muss nur an den nächsten Schritt denken,
an den nächsten Atemzug, an den nächsten Besenstrich.
Und immer wieder nur an den nächsten.

Dann macht es Freude; das ist wichtig,
dann macht man seine Sache gut.
Und so soll es sein."[6]

durchdeklinieren

Wer so wie ich das große Latinum in der Schule erworben hat, versteht darunter die grammatikalische Regel, nach der bestimmte Wortarten ihre Form verändern. Dekliniert werden Wörter gemäß dem Fall (Kasus), der Zahl (Numerus) und dem Geschlecht (Genus). Im Kontext dieses Buches verstehen Führungskräfte darunter, alle Eventualitäten gedanklich durchzugehen, um dann eine möglichst klare und rationale Entscheidung treffen zu können.

---

[6] Vgl. Michael Ende, Momo, Thienemann Verlag, 11. Aufl. 2018, ISBN 978-3522202558.

E

Eigendynamik

Jede Verhandlung, Besprechung, Interaktion usw. hat eine Eigendynamik. Vorher hat man sich genau überlegt, wie das eine Steinchen auf das andere passt. Dann kommt aber auf einmal eine ungeplante Aktivität dazu, und es geht mit Schweiß auf der Stirn in die Improvisation über.

einpreisen

Wurde in die Kalkulation wirklich alles einberechnet – also eingepreist? Falls nicht, ist man vielleicht günstiger als die Konkurrenz, aber man hat sich zum eigenen Nachteil verrechnet. In Verhandlungen kann das richtig weh tun, denn nachverhandeln geht (fast) nicht.

elaborieren

Vom lateinischen „elaborare" d. h. (sorgfältig) ausarbeiten. In der Entscheider*innenwelt meint dies, etwas differenziert bzw. detailliert auszuarbeiten. Gut elaboriert ist oft schon halb gewonnen.

Elevator Pitch

Ursprünglich (wie so oft) eine amerikanische Idee (aus dem Segment Vertrieb) mit dem Ziel, Kund*innen und Entscheider*innen während der Dauer einer Aufzugfahrt von ihrer Idee zu überzeugen. Weil die Fahrt ca. 60 Sekunden dauert, müssen alle relevanten Informationen in dieses Zeitfenster passen. Die Kunst beim Elevator Pitch besteht darin, ein bleibendes Bild ins Gedächtnis zu malen, also kurze

Vorstellung, Begeisterung für eine Idee bzw. ein Projekt wecken und den/die Investor*in überzeugen. In der Praxis wird die Kurzpräsentation nur selten im Aufzug vorgetragen, aber das Bild ist einfach einprägsam. Insider gefällig? Curevac, einer der Hoffnungsträger bei der Entwicklung eines Impfstoffes gegen Covid-19 wurde durch einen Elevator Pitch (hier im Treppenhaus) mit Finanzmitteln von Dietmar Hopp, einem der SAP-Gründer, geimpft.

Equipage

Eigentlich ein veralteter Begriff, der aber im Fahrwasser der Bosse immer noch gerne genutzt wird. Die ihn/sie begleitende Mannschaft/Crew hat den Zweck, den Auftritt geräuschlos und professionell ablaufen zu lassen. Vielleicht gehören Sie ja bald dazu und wissen dann auch, was gemeint ist.

Equipment

Ohne die richtige Ausrüstung, Materialien, Geräte etc. läuft in der modernen Führungswelt nicht viel. Waren früher noch das neueste Mobile Device ein Must-have für die Führungsetage, gilt dies heute als Old School. Das Equipment der wirklich wichtigen Entscheider*innen ist heute Staffage der Equipage.

ergo

Aus dem Lateinischen in die deutsche Sprache übernommen mit den Bedeutungen „also, folglich, deshalb, mithin, infolgedessen, demnach, demzufolge, somit, deswegen, darum, daher, aus diesem Grund...". Die bekannteste Redewendung hat uns der französische Philosophen René Descartes mit „cogito ergo sum" überlassen. Ja, es geht um die Zurückführung der Existenz auf die Fähigkeit des Denkens. Ich denke, also bin ich!

erodiert

Wenn mitten in einem Gespräch Ihre Argumente zu erodieren beginnen, wird es schwierig. Gemeint ist dabei von Business-Sprecher*innen, dass man bspw. ihren Zahlen nicht mehr traut. Die Stellung im Gespräch zerfällt dann immer mehr zu ihren Ungunsten.

evaluieren

Ich bin mir sicher, dass sie nach dem Lesen dieses Buches viel besser prüfen, abschätzen, auswerten, beurteilen, bewerten, einschätzen können, was ihnen im Gespräch mit Führungspersönlichkeiten vorher unklar war.

Evidenz

Bezeichnet die unmittelbare kognitive Nachvollziehbarkeit eines Zusammenhangs. Abgeleitet aus der Medizin bezeichnet es den empirisch erbrachten Nachweis des Nutzens einer Aktion.

ex ante/ex post

Ex ante ist mal wieder Latein und bedeutet „aus vorher" bzw. „aus vorheriger". Damit kennzeichnet man eine Beurteilung aus früherer Sicht. Das Gegenstück ex post heißt übersetzt „aus danach" bzw. aus späterer oder aus nachträglicher Perspektive. Somit stellt man sich bei einer ex ante-Betrachtung die Sachlage vor dem Eintritt des Ereignisses vor. Bei der ex post-Betrachtung werden auch nachträglich erkennbar gewordene Fakten berücksichtigt. Mit einer oft von meiner Mutter Hilde benutzten Redewendung ausgedrückt: „Hinterher ist man (fast) immer schlauer."

Exit-Strategie

Wer einen Plan hat, braucht auch eine Exit-Strategie. Anders ausgedrückt eine Überlegung zum Ausstieg aus einer bestimmten Situation. Sei es, indem man eine Kapitalerhöhung durch Aktionäre zulässt oder ein Unternehmensfeld durch Verkauf an ein anderes Unternehmen abstößt. Wer nicht über den Ausstieg beim Einstieg nachdenkt, ist kein/e Unternehmenslenker*in, sondern höchstens -mitfahrer*in.

exponentiell

Das Adjektiv stammt aus dem Bereich der Mathematik und beschreibt Dinge, die sich nach Art einer Exponentialfunktion entwickeln. Eine Menge wächst pro Einheit (Zeit, Entfernung, Schritt ...) zunehmend stark. Bis zum Ausbruch der Pandemie im Frühjahr 2020 war der Ausdruck nur hohen Führungszirkeln bekannt. Nur falls mal Mutti Merkel gerade anders beschäftigt ist, nachfolgend ein berühmtes Beispiel. Mit Hilfe einer alten Legende mit Reis auf dem Schachbrett wird das exponentielle Wachstum veranschaulicht. In Indien lebte ein König (Sher Khan). Während seiner Herrschaft erfand jemand das Spiel, das heute als

Schach bezeichnet wird. Der König wollte den Erfinder des Spieles belohnen und ihm jeden Wunsch erfüllen. Der Mann bat um ein einziges Reiskorn auf dem ersten Feld des Schachbretts. Der König lachte und fragte ihn, ob das wirklich alles sei, er könne sich gerne mehr wünschen. Da antwortete der Mann, er hätte gerne auf dem zweiten Feld zwei Reiskörner, auf dem dritten vier, auf dem vierten acht, auf dem fünften Feld sechzehn Reiskörner. Die Berater des Königs begannen schallend zu lachen, weil sie diesen Wunsch für äußerst dumm hielten. Um zu beweisen, wie reich und großherzig er sei, bot der König dem Erfinder an, auf jedem Feld doppelt so viele Körner wie auf dem Feld davor von ihm zu erhalten. Der Weise ging und wartete auf seine Belohnung. In der Zwischenzeit errechnet der Hofmathematiker, dass es im gesamten Königreich nicht genug Reis gäbe, um den Wunsch des Mannes zu erfüllen. Ja, dass es auf der gesamten Welt nicht so viel Reis gäbe. Wenn er sein Wort halten wolle, müsse er alles Land auf der Welt kaufen, es in Reisfelder verwandeln und sogar noch die Ozeane als Ackerfläche trockenlegen lassen, um genügend Reis anpflanzen zu können. Der König schwieg verblüfft. Dann fragte er, wie viele Reiskörner es denn seien. 18.446.744.073.709.551.615 Reiskörner war die Antwort. In Worten sind das 18 Trillionen, 446 Billiarden, 744 Billionen, 39 Milliarden, 484 Millionen, 29 Tausend, 952 Reiskörner. Um sich die Zahl vorstellen zu können anbei der Hinweis, dass in einem Kilo Reis ca. 54.500 Körner enthalten sind. Der Weise würde also 338.472.368.324.946 Kilo Reis erhalten. Zum Vergleich: 2018 wurden weltweit 782 Millionen Tonnen Reis produziert.

extraordinär

Nein, Sie lesen das richtige Buch. Es wird jetzt nicht unanständig. Business-Sprecher*innen meinen damit einen außergewöhnlichen Vorschlag. Also etwas für Sie, um mit Ihrer Idee alle zu begeistern und bald selbst das Kommando zu übernehmen.

extrapolieren

Hiermit wird ausgedrückt, aus einem bekannten Zustand oder einer bekannten Entwicklung auf Zustände in anderen Bereichen oder auf zukünftige Entwicklungen zu schließen. Speziell in der Mathematik spricht man auch von „hochrechnen". Ob Donald Trump mittels der ersten Wahlergebnisse in verschiedenen Bundesstaaten in der Lage war, sich das endgültige Wahlergebnis für die Präsidentschaftswahl in den USA im Jahr 2020 auf Basis der ersten Auszählungen zu extrapolieren, bezweifelt der Verfasser dieses Buches.

F

Facetime/Show up-Time

Meint in Entscheider*innen-Kreisen, sich auf einer wichtigen Sitzung oder einem After-Work-Event kurz sehen zu lassen. Das freut den/die Gastgeber*in und macht gute Stimmung für zukünftige Gespräche. Wie lange man bleiben muss, richtet sich nach der Wichtigkeit der Person.

Faksimile

Meint eigentlich eine originalgetreue Nachbildung. In unserem Kontext ist damit eine Vorlage bezeichnet, auf die man bei nachfolgenden Projekten zurückgreifen kann.

falsifizieren

Wenn Sie mal jemandem so richtig zeigen wollen, dass er/sie falsch liegt. Falsifizieren meint eine wissenschaftliche Aussage oder eine Behauptung durch empirische Beobachtung oder durch einen logischen Beweis zu widerlegen bzw. zu entkräften.

FAQ

Steht für "frequently asked questions" und bezeichnet somit häufig gestellte Fragen. FAQs sollen häufig gestellte Fragen sammeln und beantworten. Wenn Sie das nächste Mal eine Frage haben, sollten also Sie zunächst einen Blick in die FAQs werfen.

Fastlane

Englisch für Überholspur. Wenn ein/e Referent*in mal so richtig auf der Karriereleiter nach oben stürmt, dann ist die Person auf der Fastlane. Na, schon dabei?

Feedback

Ein Begriff, der auf keinen Fall im Instrumentenkassen einer Führungskraft fehlen sollte. Beim Feedback(gespräch) geht es darum, dem/r Mitarbeiter*in eine „Rückmeldung" zur eigenen Arbeit oder zum Stand eines Projektes u. ä. zu geben. Feedbackgespräche können richtig eingesetzt wirkungsvolle Möglichkeiten zur Mitarbeiterführung sein. Dabei ist die Einhaltung der Feedbackregeln und -methoden unabdingbar. Feedback kann motivierend und wirksam sein. Es gilt, verbale Verletzungen zu vermeiden. Dabei muss man nicht auf ein ehrliches und konstruktives Gespräch verzichten, sondern auf eine akzeptable und klare Rückmeldung hinarbeiten. Wertschätzung ist Grundvoraussetzung für wirksames Feedback. Wer Könner*in beim Feedback-Geben ist, schafft es, positive und kritische Rückmeldungen zu geben.

feintunen

Erst wird ein grobes Konzept geschrieben, und dann werden die Absichten immer weiter verfeinert.

Fire-pissing

Puh, bei diesem Wort habe ich lange überlegt, ob ich es in das Buch aufnehme. In schwierigen Phasen im Unternehmenskontext wird dieses Wort zwischen Topmanager*innen flüsternd ausgesprochen, um zu bezeichnen, etwas wieder in Ordnung bringen zu müssen, was andere falsch gemacht haben.

Flashlight

Manchmal eine gute Methode, um vom eigentlichen Kern der Auseinandersetzung abzulenken. Einfach stroboskopartig einen Bereich ausleuchten. Denn wo Licht ist, wird hingeschaut.

floaten

Englisch für „schweben". Im Topmanagement floaten Preise für bestimmte Leistungen. Gemeint ist eine Anpassung an die gerade vorliegenden Bedingungen. Kaufen Sie mal in Venedig Gummistiefel bei Starkregen und Hochwasser.

fokussieren

Achten Sie darauf, sich nicht zu verzetteln, sondern bleiben Sie konzentriert an dem Thema dran, das Sie auf ihrer Bucket List, also der Liste der Dinge, die Sie in Ihrer verbleibenden Lebenszeit noch gerne tun oder erleben wollen, ganz oben stehen haben.

forcieren

Wenn ein Projekt zum Abschluss gebracht werden soll, kann es schon passieren, dass man das Tempo anzieht. Die Grenze zur Parforcejagd (französisch „par force", d. h. mit Gewalt) sollte nicht überschritten werden. Denn dann beginnt eine Hetzjagd, die sich aus der Jagd mit einer Hundemeute zu Pferd ableitet. Etwas positiver konnotiert gilt der Parforceritt. Dieser soll eine mit großer Anstrengung unter Einsatz aller Kräfte bewältigte Leistung zum Ausdruck bringen.

formal

Sollte es in einem Gespräch zwischen Ihnen und Ihrer Vorgesetzen formal werden, ist Vorsicht geboten. Dies meint, man zieht sich auf Normen und Gesetze zurück. Spielräume werden dann sehr eng.

framen

Der Begriff stammt ursprünglich aus der Kommunikationswissenschaft, ist aber in Managementkreisen sehr angesagt. Allgemein versteht man darunter, dass unterschiedliche Formulierungen desselben Inhalts das Verhalten des Empfängers unterschiedlich beeinflussen. Ein Frame strukturiert die Wahrnehmung der Realität somit auf spezifische Weise und beeinflusst, welche Informationen beim Empfänger der Botschaft ankommen. Künftig darauf achten, ob Sie etwas aus freien Stücken tun oder vielleicht geframt wurden.

fundamental

Hoffentlich wirken sich die Erkenntnisse aus meinem Buch bei Ihnen nachhaltig/richtungsweisend/durchschlagend positiv aus. Dies wäre eine Beschreibung der Bedeutung dieser Begrifflichkeit.

G

Gartner Magic Quadrant

Unabdingbar für viele Top-Entscheider*innen ist ein Visua-
lisierungs-Tool für die Überwachung beziehungsweise Be-
wertung der Position eines Unternehmens insbesondere
im IT-Markt. Dabei werden vier Quadranten unterschie-
den:

Niche Players: Nischenanbieter besetzen Nischenmärkte.
Sie sind stark in einer bestimmten Technologie, haben aber
nur unvollständige Visionen und können ihre Stärken noch
nicht voll ausspielen, weil sie meistens noch relativ neu am
Markt sind.

Challengers: Herausforderer sind schnell wachsende Unternehmen mit herausragender Lösungskompetenz. Damit
Marktteilnehmer sie als führendes Unternehmen wahr-
nehmen können, müssen sie allerdings noch an einer star-
ken und überzeugenden Vision arbeiten.

Leader: Marktführer haben eine führende Stellung im
Markt. Sie haben nicht nur eine vollständige Vision entwickelt, sondern können auch auf einen großen Kunden-
stamm verweisen. Durch die daraus resultierende hohe Lösungskompetenz beeinflussen sie die Marktentwicklungen
entscheidend.

Visionäre: Wissen, wie sich der Markt entwickelt, und können innovativ sein. Allerdings sind sie nicht dazu in der
Lage, die Visionen vollständig umzusetzen. Hier befinden

sich vor allem Unternehmen in neuen Märkten. Visionäre in reiferen Märkten sind in der Regel kleinere Firmen, die konkurrieren möchten, oder größere Unternehmen, die aus ihrer Nische heraus möchten.

Während es zunächst so erscheint, als wären Unternehmen im Leader-Quadranten immer die beste Option, ist es die bessere Idee, alle Quadranten genau zu betrachten. Es ist ein nützliches Instrument für Anbieter, die ihre Konkurrenz analysieren möchten. Konkurrierende Firmen können diese Informationen verwenden, um ihr eigenes Geschäft zu verbessern. Magic Quadranten können ein nützliches Werkzeug für Investor*innen sein, die ein Unternehmen suchen, das ihre Bedürfnisse abdeckt. Zudem können Firmen sich mit ihren Wettbewerbern vergleichen, um möglicherweise einen Rückstand aufzuholen.

Gartner visualisiert seine Magic Quadranten als zweidimensionale Matrix, um Stärken und Unterschiede zwischen Firmen zu illustrieren. Die Darstellung teilt konkurrierende Unternehmen in vier unterschiedliche Abschnitte ein, die auf den zugehörigen Daten der Firmen basieren. Dabei steht die Vollständigkeit einer Unternehmensvision und der Wille, diese Vision umzusetzen, im Zentrum des Interesses. Probieren Sie diese Methode einmal in Ihrem Unternehmen aus.

gegenseitig befruchten

Meint in unserem Kontext, dass sich in einem Gespräch ein geistiger Austausch entwickelt, der die jeweiligen

Teilnehmer*innen anregt, neue Aspekte zu erkennen. Das hoffe ich auch für die Interaktion durch mein Buch mit Ihnen.

generalisieren

Wenn Gesprächspartner ihre Aussagen verallgemeinern, ist Vorsicht geboten. Denn dann wird schnell etwas vereinfacht dargestellt und somit passend für andere Interessen gemacht.

generieren

Ein Spaziergang, eine Runde Golf, ein gutes Buch kann etwas hervorbringen/erzeugen. Wer eine neue Idee generiert und Entrepreneur wird, ist vielleicht morgen schon der neue Jeff Bezos.

Gießkannen-Prinzip

Damit aus den Samen im Blumentopf eine schöne Rose wird, brauchen diese viel Wasser. Gärtner*innen verwenden zur gleichmäßigen Verteilung des Wassers eine Kanne, die einen Aufsatz mit vielen kleinen Löchern hat. Das „Gießkannenprinzip" funktioniert ähnlich. Nutzt man als Business-Sprecher*in den Begriff „Gießkannenprinzip", ist damit gemeint, dass Geld gleichmäßig auf verschiedene Projekte verteilt wird. Häufig fehlt bei dieser bei mir gar nicht hoch im Kurs stehenden Methode die Überprüfung, ob diese Art der Verteilung sinnvoll ist. Gut möglich, dass ein spezielles Projekt dringend sehr viel Geld und ein anderes überhaupt keine finanzielle Unterstützung benötigt.

Goodies

Wer liebt es nicht, eine attraktive kostenlose Zugabe zu erhalten. Eigentlich kommt dieser Begriff aus der Welt des Marketings. Man möchte bspw. den Unternehmensnamen auf Events nachhaltig im Gedächtnis verankern. Dazu verschenkt man mal einen Coffee-to-go-Becher, Powerbanks o.ä.

Im Management kann das Goody (vielleicht Karten für ein Konzert, eine Sportveranstaltung usw.) ein zusätzlicher Anreiz für Mitarbeiter*innen sein, sich noch etwas mehr anzustrengen.

gschwind

" I trag's Ihne gschwind zua Poschd." Ein wunderbarer Satz. Und so schwäbisch!

Was die Bedeutung von gschwind ist, kann der Autor dieses Buches nur beschreiben, aber nicht wirklich aufklären. Auf alle Fälle ist der Begriff sehr vieldeutig, denn meint der Nicht-Schwabe, es hätte etwas mit schnell zu tun, man richtig liegen, mit der Betonung auf „kann". Allerdings kann es auch „irgendwann" bedeuten oder eben vielleicht später. Dieser Begriff ist die Steinlaus der Pschyrembel dieses Werkes.

Guideline

Bezeichnet eine Richtlinie und kommt ursprünglich aus der Umwelthygiene. Dort bezeichnet dies eine Sammlung spezifischer Qualitätskriterien, die angeben, bis zu welchem Schwellenwert ein Schadstoff ohne gesundheitliche Auswirkungen bleibt. In Managementkreisen hat man die Begrifflichkeit adaptiert, um eine empfohlene oder übliche Arbeitsmethode zu bezeichnen, mit der man ein bestimmtes Ziel erreichen möchte.

H

Handover

Wenn ein/e Entscheider*in bspw. ein Projekt, Unterlagen o. ä. übergibt, wird das so bezeichnet.

Herausforderung/Problem

Um an der Spitze eines Unternehmens zu stehen, ist es notwendig, nicht in Problemen, sondern in Herausforderungen zu denken. Alleine das positive Framing bewegt schon mehr, als viele Mitarbeiter*innen denken. Also neues Mindset einschalten und in den Karrierefahrstuhl steigen.

highlighten

Wer etwas besonders hervorheben, herausstellen oder markieren möchte, nutzt diesen Ausdruck, und schon hellt sich alles in den Köpfen der Zuhörer*innen auf.

hirnen/brainen

„Da muss ich noch mal ein bisschen hirnen, bevor ich da etwas zusagen kann." Die junge Führungselite transformiert diesen Spruch in brainen und schon weiß jeder, dass es immer besser ist, nochmal nachzudenken, statt gleich darauf los zu entscheiden.

HR

Als **H**uman **R**esource (HR) bezeichnet man die Ressourcen, die ein Unternehmen durch seine Mitarbeiter an Wissen, Fähigkeiten und Motivation hat. Um diesen Schatz kümmert sich in Unternehmen das HR-Management. Vor nicht allzu langer Zeit kannte man dies unter dem Begriff Personalmanagement oder Personalwesen. Also der Unternehmensteil, der alles regelt und organisiert, was mit dem Produktionsfaktor Arbeit in Verbindung steht. Mitarbeiter*innen sollten nach Ansicht des Autors in modernen Führungszusammenhängen allerdings nicht nur als Ressourcen betrachtet werden.

Immer mehr in den Fokus kommt das Human Capital Management (HCM). Dies bezeichnet eine Reihe von Methoden, mit denen ein Unternehmen Mitarbeiter*innen rekrutiert, verwaltet, entwickelt und optimiert, um ihren Wert für das Unternehmen zu steigern. Richtig gemacht führt das Humankapitalmanagement dazu, das richtige Talent an Bord zu holen, alle erforderlichen Fähigkeiten in der Belegschaft des Unternehmens zu haben, Mitarbeiter*innen effektiv zu managen und die Produktivität zu steigern. Verbunden wird das mit dem HCR (Human Capital Reporting). Seit Ende 2018 gilt die ISO-Norm 30414 für Human Capital Reporting, welche seit Juni 2019 auch als deutsche DIN ISO-Norm verfügbar ist. Unter dem offiziellen Titel „DIN ISO 30414 Personalmanagement – Leitlinien für das interne und externe Human Capital Reporting" bietet der freiwillige Standard einen weltweit einheitlichen Leitfaden zur Quantifizierung und Analyse von mitarbeiterbezogenen Kennzahlen.[7]

---

[7] Vgl. https://www.4cgroup.com/de/financial-services/human-capital-reporting.

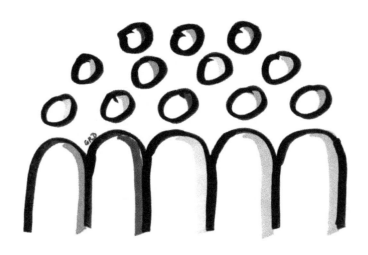

Huddle

Bedeutet eigentlich „wirrer Haufen". Insbesondere im American Football bezeichnet man damit den Moment, in dem die Spieler die Köpfe zusammenstecken, um den nächsten Spielzug zu vereinbaren. Unter Business-Sprecher*innen meint dies kurze Absprachen, um in der nächsten Gesprächsrunde geeint aufzutreten.

Hypothese

In der Alltagssprache ist dies die Bezeichnung für eine ungeprüfte Spekulation. Also eigentlich das Gegenteil von sicherem Wissen. Nicht selten in Führungskreisen aber als Tatsachenbehauptung formuliert und benutzt.

I

Ideensilo

Eigentlich bezeichnet man ein Silo als großen Speicher für Schüttgüter. Unter Manager*innen nutzt man diesen Begriff, um kreative Einfälle zu sammeln und ggf. für eine spätere Entwicklung vorzuhalten.

illustrieren

Im Entscheider*innen-Kontext meint man damit, die Zuhörerschaft durch Beispiele oder eingängige Bilder in einen schwer vorstellbaren Sachverhalt einzubinden. Gerne werden dabei Visionen oder Eigenschaften von Produkten etc.

dem Plenum vor Augen geführt und somit nachvollziehbar bzw. vorstellbar gemacht. Meist um die eigenen Forderungen zu verstärken. Denken Sie mal nicht an einen rosa Elefanten!

immanent

Meint „innewohnend" oder „in etwas enthalten". Der Ursprung ist wie so oft lateinisch und leitet sich ab von „immanens" bzw. „immanere" (bei etwas bleiben, anhaften). In diesem Buch ist der Wissenszugewinn immanent.

in vivo

Der Begriff bedeutet „im Lebenden" und beschreibt Reaktionen bzw. Abläufe, die im lebenden Organismus unter physiologischen Bedingungen stattfinden. In vivo erfolgt bspw. die klinische Prüfung von Corona-Medikamenten.

Incentive

Englisch für Anreiz, Antrieb oder Ansporn. Ein beliebtes Mittel, das Führungskräfte einsetzen, um eine besondere Motivation zum Incentive-Geber zu entwickeln. Als Incentives fungieren dabei z. B. Geldprämien, besondere Veranstaltungen u. ä.

indiskutabel

Wenn Sie die Aussagen ihres Gegenübers so bezeichnen, stellen Sie diesen gleich auf das Abstellgleis. Zum Ausdruck kommt eine Abwertung, die ausdrückt, dass der von ihm/ihr vorgebrachte Standpunkt von vornherein unannehmbar und nicht erwägenswert ist.

inflationär

Hergleitet vom lateinischen Wort „inflare". Dies bedeutet „aufgeschwollen" oder „aufgeblasen". In Führungszirkeln ist der Begriff negativ notiert. Inflationäre Darlegung der eigenen schlechten Argumentation bringt einem keinen Schub auf der Karriereleiter.

Wer noch neben der Business-Sprache Wissen ansammeln möchte, kommt hier voll auf seine Kosten. Meine Frau Gabi (neben einer Professur für Wirtschaftsinformatik auch studierte Physikerin) hat hier noch eine Ergänzung, um sich inflationäre Wirkung vorstellen zu können. Diese Erläuterung stammt aus der Astrophysik und meint die moderne Erweiterung des Urknallmodells. Dort wird das All nicht als einzelnes expandierendes Raumzeit-Gebilde verstanden, sondern als selbst-generierendes Fraktal, aus dem unablässig andere inflationäre Universen sprießen.[8]

---

[8] Vgl. https://www.spektrum.de/magazin/das-selbstreproduzierende-inflationaere-universum/822033.

informell

Es ist immer gut, bei den wichtigen Gesprächen dabei zu sein. Daher wenn eigentlich Pause ist, immer aufpassen, wer mit wem was bespricht!

inhärent

Die lateinische Bedeutung ist „an etwas kleben". Gemeint ist in Führungszirkeln somit „einer Sache eigen sein, ihr innewohnen". Wissensgewinn ist diesem Buche inhärent.

Inner Circle

Nein, damit ist nicht eine Reggae-Band aus Jamaika gemeint, obwohl diese ab den 1990ern durch ihre Top-10-Hits „Bad Boys" und „Sweat" bestimmt auch im Inner Circle der Reggae-Jam-Götter aufgenommen wurde. Gemeint ist hier im Leader-Kontext der Führungszirkel, also eine kleine Gruppe von Menschen, die innerhalb einer größeren Gruppe nochmals mehr Einfluss und Information hat. Wenn die Ministerin ruft und alle „wichtigen" Leute mitdiskutieren dürfen, ist meist direkt nach der Veranstaltung der innere Kreis der Top-Berater*innen versammelt, um sich auszutauschen.

Interimslösung

Manchmal besser als keine Lösung, oft aber schlechter, als noch etwas weiter zu arbeiten. Oft wird eine Möglichkeit geschaffen, kurzfristig ein Problem zu lösen. Somit besser als eine Notlösung, die nur gewählt wird, weil keine andere Lösung als machbar erscheint. Allerdings sollte man bedenken, dass Zwischenlösungen ähnliche Eigenschaften wie Provisorien haben. Sie halten fast ewig.

Intro

Wer auf dem Weg nach oben auf der Karriereleiter ist, muss/darf oft kurz die auf den Sachverhalt bezogene Einleitung in das zu besprechende Thema vorstellen. Immer weiter so. Das ist ein gutes Sprungbrett, um gesehen und gehört zu werden. Höhere Aufgaben warten schon!

investigativ

Fakten durch Recherchen aufdeckend. Bei Entscheider*innen nicht immer gerne gesehen sind investigative Journalist*innen. Diese nehmen mit Hilfe von genauen und umfassenden Recherchen manchen Beschluss, der still und heimlich gefällt wurde, öffentlich auseinander. Nicht selten kommen dabei skandalträchtige Vorgänge aus Politik oder Wirtschaft ans Tageslicht, die im Dunkeln hätten bleiben sollen.

J

Jour fixe

Ein unabdingbarer Fixpunkt im Instrumentenkasten einer Führungskraft. Gemeint ist damit ein fest vereinbarter, regelmäßig wiederkehrender Termin, an dem man sich im kleinen Kreis bespricht. Erstens wird der Informationsfluss gesichert, und zweitens verfestigen sich die Bindungen innerhalb des Gesprächs- und Arbeitsteams.

just in time

Ist ein Begriff aus dem Logistikbereich. Dabei steht das Ziel im Vordergrund, Lagerbestände und -kosten zu minimieren. Gilt gleichermaßen für den Produktionssektor. Auch dort sollen die Lagerkosten auf den Transportweg verlagert werden. Es wird darauf abgezielt, eine fertigungssynchrone Lieferung zu etablieren. Der gedankliche Ursprung dieses System liegt im japanischen Kanban.

Toyota hatte das System bereits 1947 für sich entwickelt. Hieraus erklärt sich auch der Name: eine Zusammensetzung der beiden japanischen Silben „kan" und „ban", was in etwa „Signalkarte" bedeutet. Damals optimierte man mithilfe von Kanban den Materialfluss. Toyota wollte Engpässe und gleichzeitig einen zu hohen Vorrat an Produktionsmaterialien vermeiden. Das Ergebnis dieser Bemühungen bezeichnet man heute auch als Pull-Methode, da Nachschub erst dann angefordert wird, wenn sich der Vorrat dem Ende zuneigt.

Führungskräfte arbeiten mit dieser Methode, um den Workflow zu verbessern.[9]

justieren

„Die Corona-Pandemie zeigt Schwächen des Bildungssystems auf: Bund und Länder justieren nach – und einigten sich auf konkrete Schritte."[10]

Ein wichtiger Skill von Leadern ist, sich immer wieder (neu) auszurichten. Wer diese Fähigkeit besitzt, ist in der Lage agil auf dynamische Umstände einzugehen.

justiziabel

Bezeichnet Vorgänge, die einer richterlichen Entscheidung unterworfen werden können. Nicht unbedingt ratsam in der eigenen Karriere, solche Vorgänge reihenweise zu produzieren.

---

[9] Vgl. https://www.ionos.de/digitalguide/websites/web-entwicklung/kanban/.

[10] Vgl. https://www.computerbild.de/artikel/cb-News-Internet-Digitalisierung-Schule-Schueler-guenstiges-Internet-Laptops-Lehrer-27004593.html.

K

Kakophonie

Im Fachjargon von Führungskräften bezeichnet man damit die Uneinigkeit zwischen mehreren Personen in Bezug auf eine bestimmte Frage. Die Antipode dazu wäre die Euphonie, der Wohlklang. Leitet sich vom griechischen Adjektiv „kakós2 und dem Nomen „phōné" ab. Das lässt sich mit schlecht und laut übersetzen.

Kalamität

Klingt doch gar nicht so übel, wenn man bemüht ist, sich trotz Corona aus wirtschaftlicher Kalamität zu befreien. Meint aber eine schlimme Lage, aus der man sich verzweifelt zu befreien versucht.

kalibrieren

Die meisten technischen Geräte müssen in festgelegten Intervallen kalibriert werden. Insbesondere dann, wenn sie offizielle Messergebnisse anzeigen sollen. Im Führungssprachgebrauch nutzt man dieses Wort, um eine neue Haltung anzuzeigen. Die Ansichten zum Projekterfolg wurden durch den Aufsichtsrat neu kalibriert. Kann Gutes, aber auch Schlechtes bedeuten.

Kampagne

Sobald neue Ideen unter die Zuhörerschaft gebracht werden sollen, beginnt die große Zeit für diesen Begriff. Eine Kampagne ist zeitlich klar umrissen und soll neben der Koordination der beteiligten Menschen auch ein festgelegtes Ziel unterstützen. Ein Beispiel gefällig? Dieses hier gefällt mir besonders gut. Das „Frauenticket" der Berliner Verkehrsbetriebe. Rund 21 Prozent verdienen Frauen in Deutschland weniger als Männer: Genau auf diesen sogenannten „Gender Pay Gap" wollte der Berliner Verkehrsdienst aufmerksam machen. Für den 18. Mai 2019, dem „Equal Pay Day", bot die BVG deshalb ein Frauenticket an, das im Vergleich zum normalen Fahrschein 21 Prozent günstiger war.[11]

kanalisieren

Schöner Begriff, um lenken und leiten zu betiteln. Wer also oft die Überlegungen der Beteiligten an einem Gespräch in die für das eigene Unternehmen günstigen Bahnen lenkt,

---

[11] Vgl. https://blog.hubspot.de/marketing/pr-kampagnen.

hat nichts mit den systemrelevanten Kanalarbeitern zu tun, lenkt aber genauso wichtig die Geschicke des Hauses.

Kasus

Ja klar, der Fall. Kommt eigentlich aus der Grammatik, wird aber unter Leadern häufig benutzt, um einen wichtigen Aspekt zu bezeichnen, den es zu lösen gilt.

Kick-off

Kick-off bezeichnet immer den Beginn bspw. eines Projekts. Zu diesem Startpunkt möchte man die Motivation der Projektbeteiligten wecken und die ersten Schritte im weiteren Verlauf skizzieren.

koagulieren

Lateinisch „coagulare" bedeutet gerinnen. Originär nutzt man dieses Wort vor allem im medizinisch-chemischen Kontext wie bspw. zur Blutstillung. Wer schon mal sehr starkes Nasenbluten hatte und mit einem Laser in der Nase Blutgefäße gelasert bekommen hat, ahnt, um was es geht.

In Führungszirkeln werden auch gerne mal Argumente ko-aguliert. Also so miteinander verwoben, dass am Ende die Überzeugung der Gegenseite steht.

Kollaboration

Kollaboration ermöglicht synchrone Arbeit an einem Thema. So können komplexe Fragestellungen schnell gelöst werden. Kollaboration hat ihr Ziel immer in der gemeinsamen Wertschöpfung. Sie etabliert sich ad hoc, ist zeitlich begrenzt und geleitet von Selbstverantwortlichkeit. Langatmige Planungsphasen fallen weg. Es geht gleich zur Sache. Abgeleitet vom lateinischen „collaborare" was mit zusammenarbeiten übersetzt werden kann. Gern genutzt und ein Must-have im Werkzeugkasten von Entscheider*innen.

kommunizierende Röhren

Wer kennt dieses Experiment nicht noch aus dem Physikunterricht seiner Schulzeit? Man hat oben offene, aber unten miteinander verbundene Gefäße. Eine homogene Flüssigkeit steht in ihnen gleich hoch, weil die Schwerkraft und der Luftdruck konstant sind. Keine Angst – es folgt jetzt hier nicht die dazugehörige Berechnung, aber der Hinweis, dass man im Führungs-Sprech damit meint, dass alles miteinander verbunden ist. Wenn man einen Verhandlungspartner erfolgreich über den Tisch zieht, bedeutet das im Wissen über kommunizierende Röhren, dass man sich über die gleiche Reaktion bei nächster Gelegenheit nicht wundern darf.

kompetitiv

Als Leser*in dieses Buches haben Sie sich schon einen Wettbewerbsvorteil auf Ihrer Seite verbucht. Denn Andere, mit denen Sie im Wettbewerb stehen, und die die Business-Sprachwelt nicht so gut verstehen, werden von Ihnen überflügelt.

Konkordanz

Originär wird dieser Begriff in der Genetik (eineiige Zwillinge = konkordant) verwendet und bezeichnet das übereinstimmende Auftreten eines oder mehrerer Merkmale in einer bestimmten Gruppe von Personen. Auf Entscheider*innen-Ebene meint man damit eine Bestätigung/Übereinstimmung der bspw. gefundenen Ursachen für ein spezifisches Problem.

Konnektivität

Wie steht es bei Ihnen mit der Netzwerkfähigkeit? Hoffentlich gut, ist so doch unerlässlich, um im Konzert der Entscheider*innen mitspielen zu können. Ursprünglich als

Vernetzung zwischen Maschinen gemeint, geht es heute um die Vernetzung von Menschen untereinander.

kontribuieren

Umgangssprachlich aus der Mode gekommen. Umso besser, um nicht jeden/jede gleich mithören und verstehen zu lassen. Wenn die Vertriebsabteilung mal wieder weniger als erwartet zum Erfolg des Unternehmens beigetragen hat, wissen Sie jetzt, was gemeint ist. Der Vollständigkeit halber: kommt von lateinisch „contribuere" (beitragen).

Korrelation

Geht auf das lateinische „correlatio" zurück. Das Wort bedeutet Wechselbeziehung. In der Statistik werden damit Beziehung zwischen Variablen betrachtet.

L

laborieren

Wenn jemand lange herumlaboriert, versteht das Management darunter testen und forschen. Doch Vorsicht. Kann auch negativ bewertet sein, in dem jemand sich ewig herumplagt und die Aufgabe nicht gelöst wird. Ein Stolperstein auf dem Karriereweg.

launchen/relaunchen

Immer wenn bspw. neue Ideen, Produkte usw. der Zuhörerschaft präsentiert werden, sprechen Business-Sprecher*innen von launchen. Also etwas an den Start bringen oder einführen. Als Relaunch bezeichnet man Neustarts oder Wiedereinführungen, z.B. wenn ein etabliertes Produkt mit Verbesserungen oder Veränderungen optimiert erneut an den Start gebracht wird.

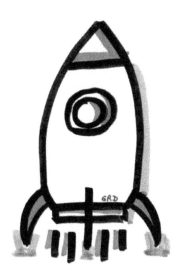

Leitplanken

Wieder ein Wort, dass jede*r kennt, aber in Führungszirkeln anders benutzt wird. Im Alltagskontext meint man damit die Stahlschienen am Straßenrand, die verhindern sollen, dass man von der Fahrbahn abkommt bzw. auf die andere Fahrbahnseite überwechseln kann. Unter Top-Entscheider*innen setzt man das Wort anders ein. Man möchte damit z.B. einem Projekt eine Führung geben. So gibt man Zeit- und Kostenpläne aus, die den Projektverlauf flankieren und sichern sollen. Man kann auch in Gesprächen Leitplanken einziehen, damit die Diskussion (wie auf Schienen) entlang eines geplanten Ablaufes umsetzbar wird. Schön bei Pressekonferenzen zu beobachten.

lektorieren

Bevor die Vorstandssitzung beginnt, wird der Text noch einmal geprüft. Dabei werden bestimmte Aspekte gewichtet oder ggf. sogar weggelassen. Ziel ist es, die Daten und Fakten bestmöglich darzustellen. Wer als Führungskraft klug ist, lässt diesen Arbeitsschritt zu. Nicht selten werden sonst Reden vom Stapel gelassen, an die man sich noch lange erinnert. Beispiel gefällig? Hören Sie mal in YouTube mit dem Suchtext: „Edmund Stoiber - Sie steigen in München in den Hauptbahnhof" rein. Dann wissen Sie, was gemeint ist. Wer es lieber offline mag, hier der Wortlaut im Auszug:

"Wenn Sie vom Hauptbahnhof in München ... mit zehn Minuten, ohne, dass Sie am Flughafen noch einchecken müssen, dann starten Sie im Grunde genommen am Flughafen ... am ... am Hauptbahnhof in München starten Sie Ihren

Flug. Zehn Minuten. Schauen Sie sich mal die großen Flughäfen an, wenn Sie in Heathrow in London oder sonst wo, meine sehr ... äh, Charles de Gaulle in Frankreich oder in ... in ... in Rom.

Wenn Sie sich mal die Entfernungen anschauen, wenn Sie Frankfurt sich ansehen, dann werden Sie feststellen, dass zehn Minuten Sie jederzeit locker in Frankfurt brauchen, um ihr Gate zu finden. Wenn Sie vom Flug ... vom ... vom Hauptbahnhof starten – Sie steigen in den Hauptbahnhof ein, Sie fahren mit dem Transrapid in zehn Minuten an den Flughafen in ... an den Flughafen Franz Josef Strauß.

Dann starten Sie praktisch hier am Hauptbahnhof in München. Das bedeutet natürlich, dass der Hauptbahnhof im Grunde genommen näher an Bayern ... an die bayerischen Städte heranwächst, weil das ja klar ist, weil auf dem Hauptbahnhof viele Linien aus Bayern zusammenlaufen...".[12]

Leuchtturm (-projekt, -auftrag, ...)

Ja, wer hat nicht gleich ein schönes Bild von Strand, Wellen, Wind und Leuchtturm im Kopf. So ist es aber in unserem Kontext nicht gemeint. Hier meint man bspw. einen Auftrag, der eine herausragende Bedeutung vor allen anderen Aufträgen hat. Meist sehr prestigeträchtig und wichtig für den weiteren Erfolg.

---

[12] Vgl. http://www.youtube.com/watch?v=f7TboWvVERU&t=8s.

leveragen

Platt beschrieben, einen Deal zur besseren (Zins)-Performance fremdfinanzieren. Wenn alles perfekt läuft, liegt die Gesamtkapitalrendite des Unternehmens über dem Fremdkapitalzins, und alle sind glücklich. Insgesamt bezeichnet das englische „leverage" eine Hebelwirkung, die man auch im Business-Kontext durch geschickte Entscheidungen erzielen kann.

Lex specialis

Die Ausnahme, die man eigentlich nicht machen möchte, aber manchmal sieht man keinen anderen Weg, ein Ziel zu erreichen. Juristisch versteht man darunter ein spezielles Gesetz, das dem allgemeinen Gesetz vorgeht. Im Management meint man damit eine Ausnahmeregelung. Diese besondere Regelung verdrängt dann die bisher allgemein gültige Regelung.

Lose-lose-Situation

Sollte man tunlichst vermeiden. Eigentlich das alte Neidproblem in andere Worte gefasst. Weil ich es nicht bekomme, soll es der andere auch nicht haben. Man verwendet all seine Energie darauf, das Projekt des anderen zu verhindern, so dass man am Ende auch seinen eigenen Vorschlag nicht durchbringt. Wenn zwei sich streiten, freut sich allerdings meist der Dritte!

M

mäandern

Gemeint ist ursprünglich ein kurvenreicher und verschlungener Flusslauf. In der Business-Sprache bezeichnet man damit eine Person mit einem Arbeitsauftrag, der nicht klar und pointiert zu Ende gebracht wird. Das muss nicht zwangsläufig bedeuten, dass das Ergebnis schlecht ist, aber es hat viele Umwege gebraucht, um anzukommen.

Majorität

Wer die Mehrheit hat, bestimmt. Oder um es mit den Worten des Altkanzlers Schröder auszudrücken: "Mehrheit ist Mehrheit". Diesen Spruch nutzte er, um mit knappster Mehrheit weiter zu regieren.[13]

---

13 Vgl. https://www.spiegel.de/politik/deutschland/mehrheit-ist-mehrheit-titelverteidigung-ohne-glanz-a-215224.html.

manus manum lavat

Eine Redewendung, die im Lateinischen benutzt auch nichts anderes bedeutet, als „eine Hand wäscht die andere". Klingt aber nicht so plump.

Meilensteine

Ohne festgelegte Meilensteine geht in der Projektplanung nicht wirklich etwas voran. Diese bilden im dynamischen Prozess Fixpunkte.

(heraus)mendeln

Nach dem Begründer der Vererbungslehre Gregor Johann Mendel bezeichnet man damit bestimmte Gesetzmäßigkeiten, die in der nächsten Generation wieder in Erscheinung treten. Entscheider*innen nutzen dieses Wort, um darzustellen, wie eine bestimmte Aussage sich in einem Entwicklungsprozess herausbildet.

minimizen

Gern werden große Herausforderungen sprachlich verkleinert oder gar bagatellisiert. Vielleicht gar nicht so schlecht, sich positiv zu framen.

Minorität

Leider immer gerne von höchsten Führungszirkeln vergessen und der Majorität untergeordnet. Aber gerade der offene Blick auf Minderheiten(-meinungen) ist ein mächtiges Tool. Denn nach Bertrand Russell gilt: „Auch wenn alle einer Meinung sind, können alle unrecht haben."

mitigieren

Lateinisch „mitigatio" für abmildern. Dieses Wort wird gerne mal eingesetzt, um perspektivisch-strategische Probleme zu verharmlosen.

Modellversuch

In der Regel eine zeitlich begrenzte Maßnahme, die von Entscheider*innen benutzt wird, um eine aufwendige Überlegung zu testen. Bei Praxistauglichkeit kann dann eine Begründung vorgelegt werden, um die Ausgaben bspw. politisch zu begründen. Das Risiko eines teuren Fehlschlages wird so abgemildert, denn beim Scheitern des Modellversuches stellt man einfach den alten Ablauf wieder her. Oder anders dargestellt: im verkleinerten Maßstab generelle Aussagen treffen zu können.

Momentum

Wer führen will, muss das Momentum spüren. Merken, wann einfach alles klappt und der Erfolg auf ihrer Seite steht. Fast gelingt alles wie von alleine. Ganz unbemerkt kann diese Phase kippen, und Sie stehen nur noch vor Problemen. Schwer erklärbar, was das Momentum auslöst. Eine meiner absoluten Lieblingsszenen, um sich eine Vorstellung zu machen, was man mit Momentum meint, stammt aus Harry Potter und der Halbblutprinz. Dabei geht es darum, Ron für das Spiel Gryffindor gegen Slytherin das notwendige Selbstvertrauen zu geben. Also tut Harry beim Frühstück vor dem Spiel so, als mische er ein paar Tropfen Felix Felicis (der ultimative Glückstrank!) in Rons Kürbissaft. Ron glaubt so fest an die Wirkung des Zaubertranks, dass er jeden Torwurf hält.[14]

Murks

Ein etwas ungezogenes und umgangssprachliches Wort, das aber hartnäckig in Führungskreisen wohnt. Gemeint ist damit Pfusch, also eine ausgeführte Arbeit ohne genügende Fachkenntnisse. Das Ergebnis ist dann ein fehlerhaftes Produkt oder eine schlechte Dienstleistung. Grundsätzlich etwas Misslungenes.

---

[14] Vgl. Joanne K. Rowling, Harry Potter und der Halbblutprinz, Bd. 6, Carlsen, 37. Aufl., 2010, 14. Kapitel, Felix Felicis, https://harry-potter.fandom.com/de/wiki/14._Kapitel:_Felix_Felicis.

N

nachhaltig/Nachhaltigkeit

Ursprünglich aus der Forstwirtschaft stammendes Wort, das nun in aller Munde auch in den Führungsetagen von Unternehmen ist. Für den Business-Kontext bedeutet dies, dass Entscheider*innen Bedürfnisse von Stakeholdern, Shareholdern etc. so zu befriedigen suchen, dass künftige Führungsgenerationen weiterhin eine stabile Lebens- und Wachstumsgrundlage besitzen. In der Theorie ein leicht zu erfüllendes Ideal, aber in der Praxis schwer zu erreichen. Anders gesagt: In der Theorie gibt es keinen Unterschied zwischen Theorie und Praxis, in der Praxis schon (vermutlich Van de Snepscheut).

Nachtwächter

Nicht im Sinne des Nachtwächter-Staates, der sich am Prinzip des Laissez-faire orientiert und von Ferdinand Lassalle (in einer Rede 1862 in Berlin) geprägt wurde. Obwohl auch dessen Idee vom modernen Sozialstaat in Deutschland abgelöst wurde. Gemeint ist damit eine faule Kartoffel, die wenig Ahnung hat und eigentlich Verantwortung tragen soll.

Newbie

Sie sind neu auf dem Parkett der Macht. Dann sind sie ein Neuling oder eben Newbie.

Nicht-Gespräch

Wer ein solches noch nie geführt hat, musste noch nicht etwas sehr Heikles entscheiden. In der Regel wird angekündigt, dass man sich nun zwar vertraulich bespricht, aber niemand von diesem Gespräch bevor- oder benachteiligt werden soll. Man hört sich einfach mal zu und überlegt im Anschuss, wie man z. B. zueinander finden kann oder ob man getrennt weiterarbeitet.

nihilistisch

Bringt zum Ausdruck, dass alles Seiende sinnlos ist und leitet sich vom lateinischen Wort "nihil", dass nichts bedeutet, ab. Nihilisten lehnen folglich Ziele und Werte ab. Steht ein/e Entscheider*in einem Projekt nihilistisch gegenüber, war es das für dieses Mal.

Ninjas

Eine Bezeichnung aus dem Englischen. Diese steht für "**no** **i**ncome, **no** **j**ob and **a**ssets". Kein Einkommen, keinen Job, keine Vermögensgegenstände. Also nicht gerade als Kunden beliebt, aber klingt nicht so schlecht, oder?!

nota bene

Ohren auf und eingeprägt. Gerne mit erhobenem Zeigefinger zusammen in die Zuhörerschaft gesprochen. Meint aus der lateinischen Urform heraus auf Deutsch „merke wohl".

Nukleus

Jetzt dringen wir zum Kern des Problems vor. Dem verborgenen Inneren oder eben dem Nucleus (lateinisch).

O

Observation

In aller Heimlichkeit, aber sehr systematisch werden andere Unternehmen und deren Entscheidungen beobachtet. Ziel ist es, neue Erkenntnisse und daraus Vorteile zu gewinnen.

obsolet

Es ist nicht überflüssig, dieses Buch zu lesen. Beispiel gefällig? Faxgeräte sind obsolet (außer in deutschen Gesundheitsämtern bei der Übermittlung der Corona-Daten an das RKI), da diese Datenübermittlung veraltet und nicht mehr gebräuchlich ist.

Obsoleszenz

Eines meiner persönlichen Lieblingswörter. Obsoleszenz meint, dass Produkte bewusst so konzipiert werden, dass sie möglichst kurz nach Ablauf der Garantie kaputt gehen. Ob geplante Obsoleszenz existiert, gilt immer noch als umstritten. Persönlich habe ich festgestellt: Es muss sie geben! Erst kürzlich fiel mir ein spannender Artikel über unzerstörbares Glas in die Hände. Ja! Unfassbar. Dort stellt David Krenz fest, dass es unzerbrechliche Trinkgläser in Deutschland gab. Sie hießen Superfest und waren eine

Erfindung von Chemikern der DDR. Warum wurden sie kein Welterfolg? Das wird dort erläutert. [15]

Ockhams Rasiermesser

Wer oft und schnell entscheiden muss, sollte diesen Ansatz unbedingt kennen. Wilhelm von Ockham (1288–1347) hat die lex parsimoniae begründet, und aus meiner Sicht hat die Theorie bis heute nichts an Brillanz verloren. Sein Ansatz sagt aus, dass man von mehreren möglichen Erklärungen für ein und denselben Sachverhalt die einfachste Theorie allen anderen vorziehen soll.

Omnibus-Verfahren

Eine effektive Methode, die insbesondere in der Politik gerne genutzt wird, um mehrere Anliegen zu einem Vorgang zusammenzufassen. In einen überschaubaren Entwurf bspw. eines Gesetzes (entspricht dem Omnibus) werden durch Änderungsanträge weitere Sachverhalte (Passa-

---

[15] Vgl. ZEITMAGAZIN, Superfest-Glas: Zu Gut, Nr. 46/2020, 4.11.2020, https://www.zeit.de/zeit-magazin/2020/46/superfest-glas-ddr-unzerbrechliches-trinkglas-produktionseinstellung?utm_referrer=https%3A%2F%2Fwww.google.com%2F.

giere) eingebunden. Im Omnibus sitzen nun auch Fahr-
gäste, die man im „Einzeltransport" nicht mitgenommen
hätte. Somit dienen ggf. Gesetzesänderungen als Omni-
busverfahren, so dass es möglich wird, auch strittige
Punkte angenommen zu bekommen. Abgeleitet von lateinisch „omnibus" (für alle).

ondulieren

Von lateinisch „unda" (Welle) ausgehend wird damit das
künstliche Einbringen von Wellen auf dem Putting-Grün
(Golfplatz) bezeichnet. Gleichsam wird das Wort benutzt,
um in Gesprächen eine schwierige Puttlinie (hier Entscheidung) zu bezeichnen. Man ist unter sich. Im Business-Talk
und später (vielleicht gemeinsam) auf dem Golfplatz. Nun
spielen Sie zumindest sprachlich schon mal mit.

Ornat

Entlehntes Wort, das die prunkvolle Kleidung insbesondere
eines Herrschers bezeichnet, die zu ausgewählten Ereignis-
sen getragen wird. Im Business-Kontext wird damit ein ex-
zellent vorbereiteter Vortrag o. ä. bezeichnet, der die anderen Teilnehmer*innen stark beeindruckt. „Jetzt hat
sie/*/er hier den vollen Ornat abgeliefert!"

Outlining

Kommt mal wieder aus dem angelsächsischen Sprachfeld
und bedeutet übersetzt "Umriss", „Kontur" oder „Skizze".
In unserer Szenerie bringt man damit zum Ausdruck, was
besonders wichtig und hervorgehoben wird, um den Überblick zu erhalten. Also die verborgene Struktur bspw. hinter einer Verhandlungsposition zu erkennen.

Outsourcing/Insourcing

Vor allem der Begriff Outsourcing gehört zum Standardrepertoire von BWLer*innen. Allerdings bekommt das Insourcing mehr und mehr Zulauf in den letzten Jahren. Doch der Reihe nach. Unter Outsourcing versteht man eine Unternehmensstrategie, bei der Teil- oder ganze Geschäftsbereiche in andere Unternehmen auslagert werden, um sich ganz auf das eigene Hauptgeschäft zu konzentrieren. Das bringt schnell und auf den ersten Blick hauptsächlich Kostenvorteile, da externe Dienstleister bspw. durch Lern- und Skaleneffekte die Leistung günstiger und oft besser anbieten können.

Bei Insourcing werden Teil- oder Geschäftsbereiche, die in der Vergangenheit an andere Unternehmen ausgelagert waren, wieder in das eigene Unternehmen eingebunden. Dabei lassen sich die Entscheider*innen oft davon leiten, dass speziell die Abhängigkeit von Zulieferern etc. verringert wird. Weiterhin werden Arbeitsplätze und Wissen in das eigene Unternehmen zurückgeholt.

P

Pacemaker

Was mittlerweile in Sport (vor allem beim Marathon), Medizin (Herz-"Schrittmacher") usw. üblich geworden ist, fehlt auch auf dem Entscheider*innen-Parkett nicht. Ein Schrittmacher in Verhandlungen wird installiert, um Druck auf die opponierende Seite auszuüben. Meist hat diese Person keinen anderen Handlungsauftrag, als der Gegenseite bergeweise Fakten auf den Tisch zu legen, um dann einen schnelleren Abschluss für die eigene Seite zu ermöglichen.

pacta sunt servanda

Ja, wir sind wieder im alten Rom – sprachlich, aber auch juristisch (römisches Recht). Dieser Ausdruck aus dem Lateinischen steht für „Verträge sind einzuhalten". Modern übersetzt bezeichnet man damit das Prinzip der

Vertragstreue. Vertragsparteien sind frei in der Ausgestaltung von Verträgen, aber dann an die Einhaltung der Abmachungen gebunden. Ein gar nicht wichtig genug zu nehmender Grundsatz, sowohl im öffentlichen als auch im Privatrecht.

pampern

Meint verwöhnen, und zwar nach allen Regeln der Kunst, z.B. über Sonderzuwendungen, Rabatte usw. Dieser Begriff hat mittlerweile auch alle Unternehmenssprachfelder erreicht. So werden Kund*innen, Mitarbeiter*innen, Geschäftspartner*innen u. v. m. gepampert. Hier noch ein kleiner, aber möglicherweise wichtiger Hinweis für Leser*innen, die in Österreich arbeiten. Dort bitte diesen Begriff unbedingt vermeiden, da das phonetisch sehr ähnlich klingende "pempern" in der Alpenrepublik "Geschlechtsverkehr haben" bedeutet.

paraphrasieren

Eine wichtige Gabe, um Sender und Empfänger von Nachrichten im Verständnis des Sachverhaltes abzusichern. Konkret bedeutet es, eine sachliche Wiederholung einer empfangenen Botschaft mit den eigenen Worten zu formulieren. Kurz, zu umschreiben und zusammenzufassen, was das Gegenüber gesagt und gemeint hat.

Pareto-Prinzip

Vilfredo Pareto hat der Nachwelt diesen Ansatz hinterlassen. Er untersuchte die Verteilung des Volksvermögens in Italien und fand heraus, dass rund 80 Prozent des Vermögens auf ca. 20 Prozent der italienischen Familien konzentriert war. Das Pareto-Prinzip, heute auch als 80/20-Regel bezeichnet, zeigt damit die Unwucht zwischen Mitteleinsatz und Ertrag. Schnell haben Entscheider*innen diese Regel auf ihr Arbeitsfeld übertragen, und dies spezifisch im Zeitmanagement. Kann man doch mit 20 Prozent der (richtig!) eingesetzten Zeit 80 Prozent seiner Aufgaben erledigen. Dass diese Vorgehensweise auch ihre Tücken hat, versteht sich von selbst.

partikular

Wenn nur Interessen von Minderheiten/Einzelnen betroffen sind, ist eine Entscheidung immer leichter. Gegenbeispiel gefällig? Wer bekommt zuerst den Impfstoff in Deutschland verabreicht? Kein Partikularinteresse, von daher sind heftige Diskussionen erwartbar.

partizipieren

An etwas teilhaben oder an etwas teilnehmen. In unserem Kontext meint man einen Anteil am Entscheidungsprozess, Erfolg etc. zu haben. So partizipieren Sie als CEO mit Schlüsselfunktion am Unternehmenserfolg bspw. über eine Tantieme.

PDCA-Zyklus/-Methode

Eine sehr effiziente Methode, die ihre moderne Ausrichtung aus dem Qualitätswesen hat, aber schon viel älter (ca. 400 Jahre) ist. Dabei geht es darum, einen kontinuierlichen Verbesserungsprozess abzusichern. Dies gilt ganz besonders im Führungsumfeld für das Aufdecken und Abstellen von Fehlern. PDCA ist eine Abkürzung und steht für **P**lan-**D**o-**C**heck-**A**ct. Es soll in vier Schritten eine Problemlösung erreicht werden. Insider-Tipp: Unbedingt in den Instrumentenkasten aufnehmen!

Pecha Kucha

Pecha Kucha (sprich: petscha-kutscha, japanisch „チャクチャ" für wirres Geplauder, Stimmengewirr) ist eine Vortragstechnik, bei der zu einem mündlichen Vortrag passende Bilder (Folien) an eine Wand projiziert werden. Die Anzahl der Bilder ist dabei mit 20 Stück ebenso vorgegeben wie die 20-sekündige Dauer der Projektionszeit je Bild. Die Gesamtdauer des Vortrags beträgt damit 6 Minuten 40 Sekunden.[16]

---

[16] Vgl. https://www.der-rhetoriktrainer.de/blog/pecha-kucha-die-neue-prasentationsform/.

Ich liebe dieses Format, da das ungeliebte PowerPoint-Kino ohne Zeitbegrenzung und oft mit fraglichem Inhalt einfach nicht prägnant ist. Diese kurzweilige Technik mit streng einzuhaltenden Zeitvorgaben beugt dem sogenannten „Death by PowerPoint" vor. Inspiriert ist diese Methode von dem Wunsch weniger zu reden und mehr zu zeigen. Da diese Technik noch sehr jung ist (2003 entsonnen), hat diese Methode aus meiner Sicht sehr viel Potential in der eigenen Karriereentwicklung. Also nichts wie los und ausprobieren!

Personalentwicklung (PE)

Ein zentraler Baustein aus dem HR (Personalwesen), der in vielen Führungsetagen immer noch nicht angekommen ist. Grundsätzlich sind damit Maßnahmen gemeint, die der Förderung und Bildung von Mitarbeiter*innen dienen. Dabei reicht die Range von Fachlichkeit bis Social Skills. Durch PE möchte man absichern, dass immer die geeigneten Mitarbeiter*innen zum festgelegten Zeitpunkt an einer bestimmten Position verfügbar sind.

Peter-Prinzip

Das von Laurence J. Peter beschriebene und nach ihm benannte „Unfähigkeitsprinzip" drückt aus, dass „in einer Hierarchie [...] jeder Beschäftigte dazu [neigt], bis zu seiner Stufe der Unfähigkeit aufzusteigen". Peters These ist, dass jedes Mitglied einer ausreichend komplexen Hierarchie so lange befördert wird, wie es auf seiner Position erfolgreich ist. Übersteigen die Anforderungen der neuen Position aber die Fähigkeiten, bleiben weitere Beförderungen aus. Umgekehrt bleiben Mitglieder, deren Fähigkeiten für eine höhere Position geeignet wären, schon in den unteren Stufen hängen, in denen sie weniger erfolgreich sind. Dadurch markiert in der Regel das persönliche Maximum der Karriereleiter das Maß einer maximalen Unfähigkeit innerhalb der Hierarchie. Peter konstatiert: „Nach einer gewissen Zeit wird jede Position von einem Mitarbeiter besetzt, der unfähig ist, seine Aufgabe zu erfüllen." Die Verteilung der Stufen der Inkompetenz stellt Peter anhand der Gaußschen Normalverteilung dar. Es stellt sich damit die Frage, wer in einer Hierarchie die Arbeit leistet. Peter ist der Meinung, dass nicht alle zur gleichen Zeit ihre Stufe der Unfähigkeit erreichen: „Die Arbeit wird von den Mitarbeitern erledigt, die ihre Stufe der Inkompetenz noch nicht erreicht haben."[17]

Pilotprojekt

Ein wichtiges Mosaik im Führungsszenario. Damit möchte man neue Ideen, Verfahren und Methoden erproben, bevor man in die verbindliche Anwendung geht, um zu

---

[17] Vgl. https://de.wikipedia.org/wiki/Peter-Prinzip.

erfahren, wie z. B. die Idee von den Konsumenten angenommen wird. Der Begriff „Pilot" ist entlehnt von dem
griechischen „pedon" (Steuerruder, Ruderblatt). Unsere
moderne Vorstellung, dass ein/e Pilot*in ein Flugzeug pilo-
tieren/steuern muss, ist im Ursprung gar nicht gemeint.

Pink Slip

Jetzt bin ich auf die Assoziationen gespannt. Hier kommt
die Auflösung. Dieser Begriff stammt aus dem englischen
Sprachraum, und zwar aus den USA. Damit bezeichnet man
dort ein Kündigungsschreiben, das als "rosa Brief" betitelt
wird. Der Brief muss dabei gar nicht pink sein.

Pipeline

Schon wieder so ein Wort, bei dem klar ist, was gemeint
ist, oder? In Managementkreisen nutzt man diesen Begriff,
um auszudrücken, dass man schon etwas vorbereitet hat,
dass etwas kurz vor der Realisation steht. Ach, Sie haben
zuerst etwas anderes gedacht, stimmt´s?

plakativ

Plakate kennen wir alle. Dienen sie doch dazu, in wenigen
Augenblicken (quasi im Vorrübergehen) die wesentlichen

Botschaften zu vermitteln. Aus diesem Effekt hat sich für alle plumpen und oberflächlichen Botschaften der Begriff „plakativ" gebildet. Anfangs rein auf die optische Wirkung bezogen, gilt dieser Begriff nun auch innerhalb von Vorträgen, Diskussionen etc. Somit ist es i. d. R. kein Lob, wenn man den Diskurs eines/r Vortragenden als sehr plakativ bezeichnet. Das Wort stammt ausnahmsweise aus dem Holländischen. Wer hat das gewusst?![18]

Plausi-Check

Plausibilitätsüberprüfung, d.h. eine Überprüfung einer Strategie oder eines Projekts auf Durchführbarkeit, Sinnhaftigkeit und vorhandene Risiken.

Point of no Return

Insbesondere komplexe Investitionsentscheidungen haben eine lange Vorlaufzeit. Irgendwann kommt man dann

---

[18] Vgl. https://www.dwds.de/wb/etymwb/Plakat.

an einen Punkt, an dem die Vorteile der Umsetzung die Nachteile der Absage übersteigen. Beispiele gibt es viele. Hier mal eins zum Aufregen: Stuttgart 21.

Poor Dog

Poor Dogs sind die Auslaufprodukte im Unternehmen. Der Begriff gehört zur BCG-Matrix. Man erkennt die "armen Hunde" daran, dass sie nur noch ein geringes Marktwachstum und einen recht kleinen Marktanteil halten. Daher sind diese Hunde bei ihren Besitzern nicht wirklich beliebt.

Power Nap

Gestresst und kaum noch Kraft für die nächste harte Sitzung? Dann hilft ein "Kraftnickerchen", und immer mehr Topmanger*innen nutzen diese Methode, um schnell wieder aufzutanken. Damit der Tagschlaf funktioniert, braucht es gerade mal zehn Minuten (maximal 20 Minuten). Bekanntester Power Nap-Fan war bis zu seinem Unfall Michael Schumacher.

praktikabel

Wenn etwas machbar ist, wird es auch gemacht. Eine häufige Devise in Entscheider*innen-Kreisen.

proaktiv

Nur wer vorausplanend und zielgerichtet handelt, wird im Haifischbecken der Manager*innen sicher überleben. Denn wer in die Zukunft denkt und diese aktiv beeinflusst, hinterlässt eigene Spuren und verändert Abläufe, bevor es zum Stillstand/Rückschritt kommt. Oder um es mit den Worten von Philip Rosenthal zu sagen: „Wer aufhört, besser zu werden, hat aufgehört, gut zu sein".

Problemspeicher/Wissensspeicher

In den Problemspeicher werden derzeit ungelöste Problem eingefüllt. Man hält nicht an diesen Herausforderungen (ja, das Wort Problem ist auf Entscheider*innen-Ebene tabu) fest, sondern gibt das ungelöste Aufgabenfeld an kreative Mitarbeiter*innen oder eine Gruppe zur Erarbeitung eines Lösungsansatzes weiter. Wichtig! Als Führungskraft nicht nur den Problemspeicher füllen, sondern auch die Leerung überprüfen. Viel Fortentwicklungspotential liegt in diesen Silos bereit.

Der sogenannte Wissensspeicher hält gute Ideen bereit, bis deren Zeit zur Nutzung gekommen ist.

pronto

Dann geht es mal wieder nicht schnell genug. Entlehnt aus dem lateinischen „promptus" bedeutet das dann Vollgas geben. Jetzt – genau jetzt – gilt es fertig zu sein.

Proof of Concept (PoC)

Bezeichnet einen Teilabschnitt eines Projekts. Man versteht darunter das Prüfen der Durchführbarkeit eines Konzeptes. Eingedeutscht bezeichnet man damit eine Machbarkeitsstudie. Beim Projektmanagement ist der POC ein wesentlicher Meilenstein.

propagieren

„Tue Gutes und rede darüber" ist der Titel des fast 50 Jahre alten Buches von Georg-Volkmar Graf Zedtwitz-Arnim. Wer nicht für sich wirbt, wird (oft) im rauen Klima der Business-Welt nicht wahrgenommen. Doch Vorsicht! Wer bloß heiße Luft ventiliert, wird heute schnell entlarvt. Also: nur ernst gemeinte Maßnahmen erfüllen auch ihren Zweck.

prospektiv

Ein kleiner Rückblick in meine Krankenhausverhandlertä-
tigkeit, um die Vorausschau zu erklären. Krankenhausbud-
gets werden durch prospektive Kalkulationen ermittelt.
Dabei vereinbaren die Kostenträger (hier Krankenkassen)
und die Leistungserbringer (hier ein Krankenhaus) für den
kommenden Abrechnungszeitraum (meist ein Kalender-
jahr) ein spezifisches Leistungsvolumen, das dem Krankenhaus unabhängig von den real anfallenden Kosten vergütet
wird.

Q

Q

Liebe Trekkies aufgepasst. Hier handelt es nicht um „Q" das extradimensionale Wesen unbekannter Herkunft, das unermessliche Macht über Zeit, Raum, die Gesetze der Physik und die Realität selbst besitzt und in der Lage ist, diese nach eigenem Belieben zu verändern. Nein. In der Administration kennzeichnen Entscheider*innen mit Q eine querulatorische Person.

Question Marks

Und noch ein Begriff aus der BCG-Matrix, die in vier Feldern Marktwachstum und Marktanteil von Produkten untersucht. Question Marks haben (noch) noch einen geringen Marktanteil, zeigen aber ein großes Marktwachstum. Könnten also Kandidaten für zukünftige Stars sein. Möglicherweise aber auch nicht. Das ist also die Frage.

quid pro quo

Ein wichtiger Ausdruck, den man in diskreten Zirkeln gerne nutzt, um sich gegenseitig die Loyalität zuzusichern. Übersetzt bedeutet dieser Ausdruck „dies für das". Ausgedrückt wird dabei, dass eine Person, die etwas gibt, dafür eine angemessene Gegenleistung erhalten soll.

R

randomisieren

Gerne möchte man in seinen Überlegungen sicher sein, dass diese auch in unterschiedlichen Bezügen stimmig sind. Dazu bringt man die Parameter in eine „zufällige" Reihenfolge und beobachtet, ob der Erfolg sich einstellt.

randständig

Alles, was nicht von zentralem Interesse beziehungsweise nachrangig ist, wird gerne als randständig bezeichnet. Klingt doch gleich nicht so unwichtig, oder?

Rasenmäher-Methode

Ein sehr beliebtes Instrument, um keinem richtig weh zu tun, aber auch nicht allen die eigenen Erwartungen zu erfüllen. Hier nimmt man beispielsweise pauschale Kürzungen von Ausgaben vor, um einen defizitären Gesamthaushalt zu konsolidieren. Dabei werden alle Aufgabenbereiche gleichmäßig von den Streichungen erreicht. Gerecht ist das nicht immer, aber manche Bereiche sind für Entscheider*innen sakrosankt. Damit nimmt diese Herausforderung ihren Lauf. In gewisser Weise handelt es sich um das Gegenteil des Gießkannen-Prinzips.

rationalisieren vs. rationieren

So ähnlich diese Begriffe auch klingen, so weit sind sie doch voneinander entfernt, aber dann in der genauen Betrachtung wieder im Zusammenhang zu sehen. Manager*innen tuen alles dafür, um Bereiche zu rationalisieren. Rationierung gilt es zu vermeiden. Denn Rationalisierung versucht, Systemreserven zu erschließen und damit Rationierung zu verhindern. Rationierung bedeutet die Zuteilung beschränkt verfügbarer Güter und Dienstleistungen in einem festgelegten Maßstab. Beispiel gefällig? Mit Beginn der Impfung gegen Corona-Viren haben wir eine deutlich sichtbare Rationierung, denn es ist nicht genügend Wirkstoff da, um allen Bürger*innen ein Impfangebot machen zu können. Daher wird eine abgestufte Vergabe nach festgelegten Regeln etabliert.

Red/Blue Ocean

Entwickelt von W. Chan Kim und Renée Mauborgne weist dieses Modell aus, wie man sich strategisch aus bekannten (und umkämpften) Märkten heraus in neue Märkte bewegen kann. Das durch Kämpfe rot gefärbte Wasser wird dann durch das klare blaue Wasser in neuen, unerschlossenen Märkten ausgetauscht.

regressiv

Wenn keine Steigerung vorhanden ist bzw. ein Sinken beobachtet werden kann, bewegt sich der Marktanteil regressiv. Glauben Sie mir, einen sich zurückentwickelnden bzw. abnehmbaren Marktanteil sieht kein/e Entscheider*in gern.

rekalibrieren

Wenn Manager*innen etwas kalibrieren bzw. rekalibrieren möchten, sind Sie dabei, die bestehenden Prozesse zu überprüfen und neu auszurichten.

rekapitulieren

Ich hoffe, Sie wiederholen immer wieder einige Wörter, mit denen Sie besonders viel in ihrem Umfeld verändern können.

replizieren

Klar kann man einfach nur antworten. Wer aber erwidert, entgegnet, einwendet und somit repliziert, erscheint einfach potenter auf der Bühne der Machtgespräche.

Reputation

Der Präsident der Vereinigten Staaten von Amerika (POTUS) hat durch seine Funktion ein hohes Ansehen in der Welt. Ach ja, da war doch etwas? Die Schande von Capitol Hill am 6.1.2021. Vielleicht gilt das nicht für Donald Trump. Grundsätzlich bezeichnet man damit das Ansehen einer Person oder wie bei Ex-Präsident Trump eben die nicht mehr vorhandene Reputation. Für Entscheider*innen mit das wichtigste Gut.

resilient

Ohne sich schnell wieder von kritischen Phasen zu erholen, hält keiner dem Druck in der obersten Führungsetage lange Stand. Resilienz bedeutet das Annehmen und Verarbeiten von Problemen und diese gut und sicher zu bewältigen. Ich würde es als große innere Widerstandskraft titulieren. Besonders resiliente Figuren/Menschen finden viele von uns toll, siehe Harry Potter, Pippi Langstrumpf etc.

Response Rate

Diese gibt an, wie viele Empfänger direkt auf eine (Werbe)-Botschaft reagieren.

Ressort

Abteilungsleiter*in war gestern. Heute wird die Führungs-generation von morgen in Ressorts aktiv. Dort lernen sie die Basics, holen sich ihr Fachwissen und kommen mit ersten Führungserfahrungen in Kontakt.

restrukturieren

Unverzichtbar, um Fortschritt in ein Unternehmen zu bringen. Es bedeutet, die bisherige Struktur durch eine neue zu ersetzen. Klar geht dabei auch mal etwas Liebgewonnenes zu Bruch. Grundsätzlich halte ich aber Restrukturierungs-prozesse für unverzichtbar, um sich für die Zukunft gut aufzustellen.

resümieren

Keine wichtige Konferenz, ohne die gegenseitigen Positionen und Agreements zusammenfassend zu wiederholen. Das sichert das gegenseitig erzielte Ergebnis ab und beugt späteren Missdeutungen und -verständnissen vor.

retuschieren

Ungern zugegeben, aber häufiger, als man denkt, genutzt. Es wird ein Sachverhalt positiver dargestellt, als er eigentlich ist. Kein gutes Verhalten, um klar zu führen.

reziprok

Die Bedeutung lautet wechselseitig/gegenseitig und stammt vom lateinischen „reciprocus" (auf demselben Weg zurückkehrend).

rhodiniert

Ein aus der Schmuckherstellung entlehnter Begriff. Dort, wie auch im Managementkontext bezeichnet man damit eine Veredelung. Durch das Rhodinieren wird nämlich ausgeschlossen, dass Schmuck anläuft. Das bedeutet, dass der Schmuck nicht mehr aufwendig gepflegt werden muss.

rigoros

Die Wortherkunft liegt im lateinischen „rigorosus" (streng, hart). Es wird im Managementkontext so benutzt, dass man damit ein unnachgiebiges Vorgehen bezeichnet.

Roadmap

Wenn es schon nicht ein lateinischer Begriff ist, dann eben ein Anglizismus. Transformiert in Business-Sprech ist damit eine Strategie oder ein Projektplan gemeint. Eine Roadmap stellt einen Überblick über die Entwicklung bspw. eines FE-Bereiches (Forschung und Entwicklung) visuell dar. Die Roadmap unterstützt Entscheider*innen, strategische Projekte grob zu gliedern und in Etappen aufzufächern.

Roll-out

Mittlerweile ein Standardbegriff in den Führungsetagen. Exemplarisch kann man sich das Vorgehen bei Hardware-wechsel vorstellen. Dort wird dann die alte Hardware entsorgt und durch das Ausrollen neuer Hardware ersetzt.

rückkoppeln

Das deutsche Wort für Feedback geben ist wieder in der Sprache des Managements angekommen. Wieder einmal aus einem anderen Kontext (Informationsverarbeitung) entlehnt, ist gemeint, die eigene Haltung einem Gegenüber verständlich zu machen.

S

s. t.

Steht für sin tempore. Was bedeutet das? Sofern Sie eine Einladung zu einer Besprechung (z.B. Teilnahme in einer Vorstandsklausur) mit dem Vermerk s. t. erhalten, seien sie unbedingt pünktlich. Hier gilt es, exakt zum angegebenen Zeitpunkt zu erscheinen. Das sonst so gerne zitierte akademischen Viertel (siehe c. t., cum tempore) ist hier ausgesetzt. Im Übrigen hat es noch nie geschadet, pünktlich zu sein. Weder als Vorgesetze/r noch als Mitarbeiter*in.

SABTA

Wer im obersten Stockwerk der Entscheidungsprozesse steht, wird gerne (oft auch sinnvollerweise) von Berater*innen umgarnt und unterstützt. Doch Vorsicht. Diese Szene ist nicht ohne schwarze Schafe und Worthülsen-Akrobat*innen. Damit man nicht zu unüberhörbar eine Abwertung vornimmt, betitelt man die inkompetenten und nervigen Vertreter dieser Gattung als SABTA. Es handelt sich dabei um ein Akronym. Es steht für: **S**icheres **A**uftreten **b**ei **t**otaler **A**hnungslosigkeit. So gesehen sprachliche Tarnkleidung, die Sie nun lüften können.

Sales-Arguing

Verkaufsargumente, aber eben eloquenter ausgedrückt.

schönifizieren/aufhübschen

Mir gefallen diese beiden Schönheiten. Man kann z. B. eine Excel-Tabelle mit einigen Grafiken besser aussehen lassen und verdaulicher für Zuhörer*innen erläutern. In vielen Situationen sind diese beiden Allzweckwaffen einsatzbar.

Schwarzer Schwan

Dieser Terminus hat (fast) nichts mit dem Vogel zu tun, den sie gerade vor Augen haben. Der Begriff wurde durch Nassim Nicholas Taleb in seinem Buch "Der Schwarze Schwan: Die Macht höchst unwahrscheinlicher Ereignisse" geschaffen. Gemeint ist damit, dass Anleger*innen auf ein nicht vorhersehbares Ereignis spekulieren, das eine zerstörerische Kraft auf dem Aktienmarkt entfaltet. Wo Schatten ist, kann allerdings auch Licht sein. Ein Schwarzer Schwan kann auch Raum für Innovation und Konkurrenten schaffen. Das wären dann positive Begleiterscheinungen.

Shareholder

Dieser Begriff bezeichnet die Inhaber*innen und Anteilseigner*innen eines Unternehmens. Gehört zum Grundwortschatz, und die Shareholder wollen immer gerne gepampert werden. Ihr Interesse ist leicht zu verstehen: Gewinne!

Shortcut

Mal wieder in einem anderen Bereich abgeschaut – nämlich in der IT. Dort hat man eine Zeitersparnis durch gleich-
zeitiges Betätigen von diversen Tasten auf der Tastatur.
Dabei führt der Computer spezifische Befehle aus, die für
die Tastenkombination hinterlegt sind. Im Management
bezeichnet man damit schlaue Abkürzungen, mit denen
man schneller bspw. einen Deal herbeiführt.

signifikant

Wenn etwas deutlich erkennbar, bedeutend und wichtig
ist, kann man es als signifikant bezeichnen. Gar nicht unwichtig, dieses Adjektiv.

Similarität

Ein in Vergessenheit geratenes Wort, das nun wieder die
Führungsetagen erklimmt. Man bringt damit Ähnlichkeit
zum Ausdruck.

Simplifikation

Eine Begrifflichkeit aus der Unternehmenspolitik. Gemeint
ist damit die Einengung des Leistungsprogramms durch
Spezialisierungsmaßnahmen. Der Gegenbegriff dazu ist die
Diversifikation.

Skills

Skills lassen sich in sogenannte Hard Skills und Soft Skills
unterscheiden. Die Soft Skills bezeichnen die unterschiedlichen Fähigkeiten, Eigenschaften und Verhaltensweisen
einer Person. Hard Skills fassen die harten, nachweisbaren

Fakten und Befähigungen (bspw. Zeugnisse, Fortbildungen etc.). Soft Skills sind sehr gefragt, um in eine Führungsposition zu gelangen. Sie weisen das Potenzial einer angehenden Führungskraft im Umgang mit anderen Menschen (Mitarbeiter*innen) aus. Fachwissen kann man durch Fleiß und Beharrlichkeit lernen. Employability (Einsatzfähigkeit und Entwicklungspotenzial) allerdings ist die schlummernde Größe in einem Menschen.

skippern

Abgeleitet von Bootsführer*innen (Skipper), die die Verantwortung für die Sicherheit von Schiff und Besatzung tragen, betitelt man in den Führungsetagen damit die Personen, die das Unternehmen durch die Gewässer von Wettbewerb und Fortentwicklung steuern / skippern.

Slackline-Entscheidung

Ein Wort, das ich nach meinem Wissen selbst kreiert habe und das sich in vielen Meetings in meinem Umfeld mittlerweile großer Beliebtheit erfreut. So, wie man auf einem Kunstfaserband (sog. Slackline) balanciert, das zwischen zwei Befestigungspunkten gespannt ist, kommt es in Verhandlungen manchmal zu dem Punkt, an dem man nicht klar erkennen kann, wohin die Entscheidung richtigerweise gehen sollte. Wie auf der Slackline ist das erfolgreiche Obenbleiben ein Zusammenspiel aus Balance, Konzentration und Koordination. Also genau wie im Business-Leben.

Slide

Kaum ein Meeting ohne PowerPoint-Kino. Dabei werden Slides (Folien) im Sekundentakt an die Wand oder auf den Laptop gebeamt.

Slot

Wer, wie bei Führungspersonal üblich, eng terminlich durchgetaktet ist, sucht (oder bekommt durch Assistent*innen gesucht) Zeitfenster (Slots), um noch einen weiteren Termin einzutakten.

Social Skills

Dies sind die Fähigkeiten, die es einer Person ermöglichen, in bestimmten sozialen Kontexten zu interagieren und angemessen zu handeln. Die Fähigkeiten umfassen Durchsetzungsvermögen, Bewältigung, Kommunikation und Freundschaftsfähigkeiten. Sie werden in einer oft rauen

Führungsetage-Welt immer wichtiger (siehe auch Personalentwicklung).

Spotlight

Übernommen aus dem englischen „spot" (Fleck) und „light" (Licht) meint man damit im Entscheider-Jargon eine auf einen Punkt sich konzentrierende Argumentation, die eine besondere Stelle ausleuchtet. Dies kann geschehen, um etwas ganz positiv und klar ins Licht zu stellen oder einen dunklen Punkt bspw. bei einem Opponenten ins grelle Licht der Aufmerksamkeit zu ziehen.

spreadern

Leider hat dieses Wort mittlerweile durch die Corona-Pandemie die Umgangssprache erreicht. Im Management meint man damit, eine wichtige Nachricht zu verteilen. Ob der Begriff noch im Sprachgebrauch bleibt, muss man abwarten.

Steering Committee

Eingedeutscht für Lenkungsausschuss. Kaum noch Beratungen auf oberster Ebene ohne den Einsatz eines solchen Entscheidungsgremiums (stammt aus dem Projektmanagement).

Stamina

Kommt aus dem Englischen und bedeutet Ausdauer und Durchhaltevermögen.

Stakeholder

Dieses englische Wort bedeutet Teilhaber. Ökonomen bezeichnen damit alle internen und externen Anspruchsgruppen gegenüber einem Unternehmen, die ein wirtschaftliches, finanzielles oder ideelles Interesse an einem Unternehmen haben.

stante pede

Eine Phrase aus dem Lateinischen. Wörtlich übersetzt heißt dies „stehenden Fußes" und wird benutzt um auszudrücken, dass etwas augenblicklich zu erledigen ist.

Star

Nein, gemeint ist hier nicht der Pop-Star oder Sport-Star. In der Geschäftswelt ist dies ein Begriff aus der BCG-Matrix (siehe dort). Damit bezeichnet man Produkte, die sich als Marktführer in einem wachsenden Markt darstellen. Stars haben die Launch-Phase positiv geschafft und erwirtschaften i. d. R. bereits Gewinne. Idealtypisch entwickeln sie sich zu Cashcows und sorgen dann für hohe Einnahmen. So, damit wäre die BCG-Matrix mit Question Marks, Stars, Cashcows und Poor Dogs nun vollständig.

Stint

Dieser Begriff stammt aus dem Motorsport und bezeichnet die Zeitabschnitte, die durch Boxenstopps entstehen. In Managersprache meint man damit eine kurze Gesprächs-unterbrechung, um sich in Nicht-Gesprächen oder mit dem eigenen Team neu abzustimmen.

suboptimal

Lateinische Herkunft. Dabei meint "sub" unter und "opti-mum" das Beste. Im Management ist man gerne höflich und bezeichnet damit eine schlechte Leistung.

substituieren

Mal wieder aus dem Lateinischen „substituere" entlehnt, bedeutet es wörtlich „unter etwas stellen". Im modernen Entscheider*innen-Sprachgebrauch für austauschen bzw. ersetzen verwendet. Damit können bspw. Produkte, aber auch Menschen gemeint sein.

suffizient/insuffizient

Gemeint ist mit suffizient „ausreichend". Klingt aber gewichtiger. Wer insuffizient ist, sollte aufpassen, dass er/sie nicht ausgetauscht wird (siehe substituieren).

Sujet

Klingt doch viel eleganter als Thema eines Vortrages, oder?

Summary

Wer etwas Wichtiges zusammenfasst, nutzt gerne dieses Wort. Die Erweiterung zum Management Summary drückt aus, wer Zielgruppe für die Zusammenfassung ist.

supporten

Wenn man seine Unterstützung bei einer Entscheidung o. ä. anbietet, supported man den Vorschlag.

switchen

Englisch „to switch" (umschalten, umleiten). Das meint, von einem auf den anderen Tagesordnungspunkt zu springen.

Synergie

Ohne diesen Begriff und seine Anwendung läuft wenig in den Führungszirkeln. Ständig ist man auf der Suche nach Ideen, wie man effizienter und besser werden kann. Synergien zu finden und dann zu nutzen, ist eine zentrale Aufgabe von Manager*innen. Durch einen Zusammenschluss oder die Zusammenarbeit von Abteilungen, Unternehmen etc. sollen sich Wettbewerbsvorteile ergeben, da sich gegenseitig verstärkende Effekte eintreten.

Synopse

Benutzt man, um eine vergleichende Gegenüberstellung aufzuführen. Unerlässliches und mächtiges Tool, wenn man den Überblick über komplexe Zusammenhänge erhalten möchte.

T

tailorn

So wie man in den Top-Positionen maßgeschneiderte Kostüme oder Anzüge trägt (sonst gehört man nicht wirklich dazu), so sollen Entscheidungen genau auf den Bedarf zugeschnitten sein.

Take-Home-Message

Klar kann man dazu auch Quintessenz oder Botschaft sagen.

Talsohle

Wenn man durch ein schlechtes Unternehmensjahr gegangen ist, hofft man, dass damit der tiefste Punkt durchschritten wurde. Dann hofft man auf das sogenannte "V-Szenario", d.h. das optimistischste Szenario, da die Rezessionskurve in Form eines V verläuft.

tangieren

Wenn eine Führungskraft nicht von einem Sachverhalt o. ä. berührt/erreicht wird, ist es selbst nicht bis ganz nach oben zu schaffen.

Tantieme

Wer das Wort nicht kennt, bekommt sie nicht. Für die anderen ist es ein Anreiz, noch erfolgreicher zu werden. Die Tantieme ist eine variable Vergütung. Über sie wird ein/e Entscheider*in am Unternehmenserfolg beteiligt. Festgelegt wird die durch einen Vertragszusatz.

Target

Abgeleitet aus der Medizin. So wie dort ein Wirkstoff gezielt seine Wirkung gegen eine Erkrankung entfalten soll, nutzen es Business-Sprecher*innen, um z. B. auf ein bestimmtes Gewinnziel zu fokussieren.

tarieren

Im Tauchsport bezeichnet man damit den Schwebezustand (Auf- und Abtrieb gleichen sich aus). Wenn man sich einem spezifischen ökonomischen Ziel annähert, ist es wichtig, die unterschiedlichen darauf wirkenden Kräfte in perfekte Balance, also austariert zu bekommen.

Taskforce

Kann man auch einfach als Arbeitsgruppe bezeichnen, die vordefinierte Aufgaben lösen sollen. Wichtiges Sprungbrett für höhere Aufgaben. Hier kann man interdisziplinär Erfahrungen sammeln und sich auf unterschiedlichen Hierarchieebenen zeigen.

Tatsachenbehauptung

Immer wieder schwer zu widerlegen. Der bekannteste Tatsachenbehaupter ist sicherlich Donald Trump. Er stellt gerne etwas als Tatsache dar, was eigentlich nur eine Behauptung ist. Der aus der Rechtssprache stammende Begriff wird häufig dazu benutzt, die Glaubwürdigkeit eines Konkurrenten zu beschädigen oder aber ein eigenes schwaches Argument positiv zu überhöhen.

Terminus technicus

Klingt einfach geschliffener als Fachausdruck oder Fachbegriff.

Themenspeicher

Eine sehr effiziente Methode, um wichtige Themen zu sortieren, die dann im Nachgang an die Brainstorming-Phase bearbeitet werden sollen.

To-do-Liste

Alt bekannt, aber dennoch unerlässlich. Wer macht was, bis wann, das ist die Standardfragestellung.

Top-down-Methode

Top-down oder Bottom-up (siehe dort) ist eine der Gretchenfragen in den Führungsriegen. Plant man von den oberen Führungsebenen ausgehend von oben nach unten, oder lässt man nach der Bottom-up-Planung die unteren Hierarchieebenen in Eigenverantwortung Pläne erstellen, die dann aggregiert in die Gesamtplanung eingebettet werden. Für die ganz Interessierten sei noch das Gegenstromverfahren (Kombination aus Top-down- und Bottom-up-Verfahren) erwähnt.

tradieren

Dieses Wort kann sowohl negativ als positiv eingesetzt werden. Eine positive Anmerkung kann im Sinne einer guten Tradition dafürsprechen, Prozesse nicht zu verändern, um den Kern des Unternehmens nicht zu gefährden. Negativ wird es, wenn man, nur weil etwas schon immer so war, dieses einfach weitergeführt wird. So gibt man nicht das Gute weiter, sondern tradiert und beschwört lediglich die Vergangenheit.

Transformation

Ein Begriff, der in verschiedenen Fachgebieten unterschiedliche Bedeutungen hat. Im Führungssprachgebrauch versteht man darunter einen Veränderungsprozess, der auf die Zukunft ausgerichtet ist. Eine Transformation zielt auf eine dauerhafte Veränderung. Ständige Anpassung an neue Gegebenheiten, um Fortschritt und Wirtschaftswachstum möglich zu machen, sind mittlerweile fester Bestandteil von Führungsroutine im Management.

tricky

Seneca hätte sich so ausgedrückt: "Nicht, weil es schwer ist, wagen wir es nicht, sondern weil wir es nicht wagen, ist es schwer." In der Managementsprache bedeutet es einfach kniffelig. Viele riskieren keinen Fehlschlag und machen so bei einem Erfolg auch nicht von sich reden. Also mutig ran, wenn es mal wieder tricky wird. Bestimmt war JFK auch inspiriert von diesem Ausspruch, als er sagte: „Frage nicht, was dein Land für dich tun kann – frage, was du für dein Land tun kannst." Um in den Fahrstuhl nach oben einzusteigen, muss man im Unternehmen diese beiden Sinnsprüche auch manchmal verbinden und sich einfach mal wagen.

triggern/antriggern

Entlehnt aus dem technischen Jargon. Dort triggert man etwas an, wenn ein laufender Vorgang geändert werden soll. Im Management möchte man Menschen antriggern, um Menschen mit einer Idee zu erreichen und etwas in Gang zu setzen.

Triumvirat

Mal wieder etwas Latein im Spiel, hier von „tres viri" (drei Männer). In der modernen Führungswelt sind damit natürlich auch Frauen gemeint. Der Begriff beschreibt eine gemeinsame Führung durch drei Personen. Um ein Krankenhaus beispielsweise erfolgreich zu leiten, nutzt man ein Triumvirat aus Kaufmännischer Leitung, Ärztlicher Leitung und Pflegerischer Leitung.

trivial

Die Wortherkunft entspringt dem lateinischen „trivialis" (allgemein bekannt). Spätestens bei Trivial Pursuit oder heute beim "Wer wird Millionär"-Mitraten merkt man, dass man mehr nicht weiß, als man weiß. Von daher sollte man mit diesem scharfen Adjektiv bei Gebrauch achtsam umgehen. Vielleicht scheint etwas auf den ersten Blick unbedeutend zu sein, entpuppt sich aber dann als relevant und von großer Strahlkraft.

Turf

Turf kommt aus dem Englischen und bedeutet Rasen oder Torf. Im kostspieligen Pferdesport hat sich der Begriff als Pferderennbahn etabliert. Da viele Führungsspitzen dem Pferdesport frönen, nutzt man den Begriff, um damit das eigene Revier zu bezeichnen.

Turnaround vs. Turnover

Turnaround bezeichnet einen Umbruch oder Wechsel hin zu i. d. R. etwas Positivem. Bitte nicht verwechseln mit dem Turnover (stammt aus dem American Football), d.h. dem Verlust des Angriffsrechts einer Mannschaft. Im Management forciert man daher Turnarounds im eigenen Umfeld und arbeitet hart daran, Turnovers zu verhindern.

U

U-Boot

Nein, wir sind hier nicht bei der Marine. Im Führungsverständnis hat man immer Sorge, dass im engsten Stab ein U-Boot unter den Mitarbeiter*innen verdeckt operiert. Diese Personen sind ganz in der Nähe der wichtigen Entscheidungen und tragen diese bspw. an die Konkurrenz weiter. Die persönliche Enttäuschung nach der Entdeckung eines solchen U-Boots ist ein schmerzhaftes Erlebnis.

Historisch in Deutschland wohl das bekannteste U-Boot war die Guillaume-Affäre. Dabei arbeitete mit Günter Guillaume einer der engsten Mitarbeiter des Bundeskanzlers Willy Brandt als DDR-Agent für das Ministeriums für Staatssicherheit. Dieses U-Boot verursachte im Fall Brandt sogar dessen Rücktritt als Bundeskanzler. Merke: Augen auf bei der Auswahl der Getreuen.

Uno-actu-Prinzip

Ein klassischer BWLer-Begriff. Er sagt aus, dass Verbrauch und Erstellung zur gleichen Zeit stattfinden.

Uphill Battle

Wenn man mit dem Rücken zur Wand steht und einen (fast) aussichtslosen Kampf bspw. gegen die Konkurrenz führt, nutzt man diesen Begriff. Man hat einfach die schlechtere Position, wenn man sich vom Fuß des Berges nach oben kämpfen muss, als der Opponent, der von oben herab die Position nur halten bzw. verteidigen muss.

Usus

Sicher kann man auch üblich, gewöhnlich sagen, aber das vom lateinischen „usus" (Gewohnheit, Praxis) stammende Wort drückt es eloquenter aus.

V

va banque/Vabanquespiel

Wenn man alles riskiert bzw. alles auf eine Karte setzt, und es folglich um alles oder nichts geht, nutzt man diesen Begriff. Ursprünglich stammt er aus dem Kartenglücksspiel "Pharo".

validieren

Wenn etwas auf dessen Gültigkeit bzw. Richtigkeit geprüft/getestet wird, validiert man.

ventilieren

Sicher kann man auch über einen Sachverhalt nachdenken, diesen überdenken oder neue Aspekte erwägen. Manchmal nutzt auch das alte Prinzip des Eine-Nacht-darüber-Schlafens. Oder man ventiliert eben seine Situation nochmals. Manchmal auch im Sinne von „Blutdruck bekommen" d.h. sich über etwas aufregen verwendet.

verfranzen

Leider etwas aus der Mode gekommen, aber von mir sehr geschätzt, schon allein wegen des Ursprungs. Der Begriff stammt aus der deutschen Fliegersprache im Ersten Weltkrieg und drückt aus, dass sich der Pilot verflogen hat. Passiert ist das dadurch, dass es keine satellitengestützte Navigation gab, sondern der Pilot sich auf den Beobachter verlassen musste. Dieser saß im Flugzeug hinter ihm und wurde Franz genannt. Gab Franz die falsche Route vor, hatte man sich verfranzt. In Business-Kreisen bringt man damit zum Ausdruck, dass man sich vertan hat und erst wieder die Orientierung gewonnen werden muss.

verifizieren

Anderes Wort für nachweisen. Im Management dazu genutzt, um sich bei offenen Punkten zu versichern, ob diese erledigt wurden.

volatil

Stammt einmal mehr aus dem lateinischen von „volatilis" (fliegen, flüchtig). Dieser Ausdruck wird benutzt, um einen bspw. unsteten Aktienkurz zu beschreiben. Insgesamt werden instabile Szenarien als volatil bezeichnet.

W

walk the talk

Auf Worte Taten folgen lassen.

Weak Points

Eine wesentliche Fähigkeit von Führungskräften: sie müssen die Schwachpunkte, Schwachstellen oder Schwächen in der eigenen Organisation erkennen und abstellen. Allerdings diese auch bei der Konkurrenz aufspüren und zum eigenen Vorteil nutzen.

Win-lose/Win-win-Beziehung

Bein Win-lose-Konstellationen gilt: Was der eine gewinnt, verliert der andere. Bei langfristiger Zusammenarbeit keine geeignete Strategie. Es baut sich eine harte Verhandlungssituation in jedem Gespräch auf. Sollte die Chance auf eine Win-win-Situation bestehen, bei der beide Seiten einen Nutzen ziehen können, ist dies förderlicher. Hier zeigt sich, wer gut verhandeln und die andere Seite ebenfalls in den Blick nehmen kann. Wer mit diesen Skills gesegnet ist, steht schon mit einem Bein im Fahrstuhl Richtung Führungskraft.

Wissensspeicher

Eine Methode, um gute Ideen nicht über die Zeit zu verlieren, wenn diese nicht gleich in die Umsetzung kommen. Wichtig ist eine gute Archivierung und das routinemäßige Nachschauen, was an wertvollen Ideen/Konzepten dort abgelegt ist. Sonst vergilbt das Wissen wie ein schlechtes Buch ungelesen auf der Fensterbank.

Wissenswolke

Das Internet hält fast alle Daten vor, und immer mehr Computer (KIs) übernehmen die Deutungshoheit von Entscheidungen. Erkenntnis und eigene Entscheidung auf Grundlage von selbst erworbenem Wissen wird abgelöst durch Suchmaschinen und Fake News. Ich plädiere dafür, beides zu nutzen und dadurch Synergien aus beiden Wissenswelten zu erzielen. Die Verdichtung von Wissen und aus den vorliegenden Informationen (Analysen, Berichte, Daten) mit Hilfe des eigenen Verstandes Unwichtiges von Wichtigem zu trennen, ist die Königsdisziplin im Management.

Wombat

Diesen Begriff werden einige nach Australien gereiste Leser*innen mit den possierlichen Tieren in Verbindung bringen, die man mit etwas Glück dort bewundern kann. Im Business-Talk meint man damit aber etwas anderes. Es ist das Akronym aus "**w**aste **o**f **m**oney, **b**rains and **t**ime" – kurz: Zeit-, Geld- und Gedankenverschwendung, sich mit bestimmten Personen zu befassen.

Wording

Ein immer wichtiger werdender Begriff, der eine Übereinkunft ausdrückt, wie spezifische Sachverhalte zu umschreiben sind. Wenn das Wording nicht gut abgestimmt ist, kann der Erfolg bspw. einer Verhandlung schnell in Rauch aufgehen.

Workflow

Ja, stimmt. Man kann auch Arbeitsablauf sagen. Allerdings ist dieser Begriff aus dem BWL-Slang mittlerweile fest etabliert. Ein Workflow hat eine koordinierende Funktion und ist Teil Steuerung eines Geschäftsprozesses.

Y

Yes-butter/Why-notter

Eine sehr unbeliebte Spezies bei Führungskräften sind die sogenannten Yes-butter (Ja-aber-Sager). Viel lieber hat man die Why-notter (Warum-eigentlich-nicht-Sager) im Team. Ist es doch leichter, eine Idee zu zerreden, als ihr eine Chance zu geben.

Z

Zampano

Vorsicht! Klingt gut, beschreibt aber nicht wirklich jemanden, der man sein sollte. Meint nämlich in der Regel den Anführer einer Gruppe, der durch übertriebenes, prahlerisches Gebaren beeindrucken will. Er versucht, sich in den Vordergrund zu spielen und erweckt gerne den Eindruck, Unmögliches möglich machen zu können.

Zeitfenster

Die Versuchung wird an der Tür Sturm läuten, aber die Chance klopft nur einmal an! (Autor*in unbekannt). Oft sind die Zeitfenster klein, um eine bestimmte Situation zu einem Erfolg zu bringen. Führungskräfte sollten diese schnell erkennen und konsequent hindurchgehen.

zeitnah

Klingt gar nicht so gefährlich, wie es gemeint ist. Wenn Sie noch auf dem Weg an die Spitze im Unternehmen sind, sollten sie Aufträge, die zeitnah erledigt werden sollen, sofort und vor allen anderen Dingen erledigen. Entscheider*innen haben keine Steigerung von schnell, sofort, unverzüglich – außer zeitnah.

Zielgruppe

Alle Personen-Cluster, die von einer bestimmten Unternehmensaktivität erreicht werden sollen.

Zielvereinbarung

Mittels einer Zielvereinbarung definieren mindestens zwei Personen (meist Führungskraft und Mitarbeiter*in) für einen klar begrenzten Zeitraum bestimmte Leistungsziele.

Dabei sind die Unternehmensziele und die Mitarbeiter*innen-Ziele idealerweise gekoppelt. Zielvereinbarungen sollen die Leistungsbereitschaft und Motivation bei Mitarbeiter*innen anregen. Auf der Arbeitgeberseite kann die Erreichung des Unternehmensziels forciert werden (siehe auch Win-win-Beziehung).

zurechtrütteln

Dieser Begriff drückt aus, dass es eine gewisse Zeitspanne braucht, um z. B. komplexe Entscheidungen in der Praxis zum Laufen zu bekommen. Entlehnt ist dieser Begriff aus dem Bauwesen, und zwar aus der Arbeit mit Beton. Gerade das Verdichten des Betons ist sehr wichtig, um Luftblasen und überschüssiges Wasser aus dem Beton auszutreiben. Dies wird durch mechanisch-hydraulisches Rütteln und Stochern im noch frischen Beton erreicht. Im Management geht man vergleichbar vor. Erst wird etwas Neues geschaffen, und dann wird durch Zurechtrütteln Überflüssiges ausgetrieben, um einen festen Untergrund zu schaffen.